beck^Ische
reihe

b^{sr}

Verantwortung ist Lebenskunst: Darin besteht der Kerngedanke des Buches. Sie erfordert Umsicht, Übung, Überlegung. Wie jede Kunst erweitert sie den Blick nach innen und nach außen. Die Stimme des Gewissens kann erstaunlich genaue Auskünfte erteilen. Aber wir leben in einer Zeit der „organisierten Unverantwortlichkeit", wie der Soziologe Ulrich Beck sagt. Ist es da überhaupt noch sinnvoll, an die Verantwortungsbereitschaft des Einzelnen zu appellieren? Der Autor beschreibt Wege im Gewirr vielfältiger Abhängigkeiten. In den Spannungsfeldern unseres Alltags bekommt für ihn das Gewissen des Einzelnen eine immer größere Bedeutung.

Dr. Stephan Wehowsky ist freier Publizist und Autor. Von ihm sind im Verlag C.H. Beck erschienen: Die Welt der Religionen. Ein Lesebuch (1991); Gespräche über Ethik (1995).

Stephan Wehowsky

Über Verantwortung

Von der Kunst,
seinem Gewissen zu folgen

Verlag C.H. Beck

Die Deutsche Bibliothek – CIP-Einheitsaufnahme

Wehowsky, Stephan.:
Über Verantwortung / von der Kunst seinem Gewissen
zu folgen / Stephan Wehowsky. – Orig.-Ausg. –
München : Beck, 1999
   (Beck'sche Reihe ; 1302)
   ISBN 3 406 42102 4

Originalausgabe
ISBN 3 406 42102 4

Umschlagentwurf: Groothuis + Malsy, Bremen
Umschlagabbildung: Tony Stone Bilderwelten/Images, Bruce Forster
© C. H. Beck'sche Verlagsbuchhandlung (Oscar Beck), München 1999
Gesamtherstellung: C. H. Beck'sche Buchdruckerei, Nördlingen
Gedruckt auf säurefreiem, alterungsbeständigem Papier
(hergestellt aus chlorfrei gebleichtem Zellstoff)
Printed in Germany

Inhalt

Für Pia

Einleitung

Verantwortung wird häufig als Last bezeichnet, aber diese Charakterisierung trifft nur halb. Denn ganz spontan möchte jeder Mensch Verantwortung übernehmen. Kinder füttern Tiere, und Erwachsene suchen oft verzweifelt nach Menschen, für die sie sorgen können. Umgekehrt beobachten wir ein gehöriges Maß an Drückebergerei, wenn Verantwortung unbequem wird. Aber weil Verantwortung zum Menschen gehört, betrügt er sich im Grunde selbst, wenn er sie verleugnet.

Wie jede Kunst, fordert auch die „Kunst, seinem Gewissen zu folgen" eine genaue Beobachtung der inneren und äußeren Welt. Ich nenne die Wahrnehmung von Verantwortung zudem deswegen eine Kunst, weil die Kenntnisse von Regeln und das Wissen um Zusammenhänge nur die Voraussetzungen für die Übernahme von Verantwortung bilden. Auf seine innere Stimme zu hören, seine Situation und seine Umwelt gründlich zu betrachten und daraus jeweils neuartige Lösungen für konkrete Probleme im Alltag zu entwickeln: Das ist genauso schöpferisch wie es jene Akte sind, in denen Kunstwerke entstehen. Darum geht es in diesem Buch. Es bietet keine Rezepte, aber Anregungen zur eigenen Ortsbestimmung. Wenn es Leser findet, denen es Spaß macht, immer wieder die Blickrichtung zu wechseln, dann vermittelt es genau das, was die Verantwortung auszeichnet: Beweglichkeit.

Dieses Wort ist vieldeutig. Beweglichkeit kann bloßes Ausweichen meinen. Wer ausweicht, ist an der Stelle, die er verläßt, nicht mehr vorhanden. Wer seiner Verantwortung ausweicht, verschwindet als Mensch. Beweglichkeit meint aber auch Souveränität. Wer seine Plätze von sich aus einnimmt und souverän seinen Blickwinkel wählt, wird die Wahrnehmung von Verantwortung als vitales Interesse erleben. Denn der Mensch will mehr sein als ein berechenbarer Faktor oder ein Rädchen im Getriebe. Dazu gehört die Freude daran, seine Handlungen so zu gestalten, daß man mit sich selbst ins Reine kommt. Das ist auch in unserer komplexen und nur schwer überschaubaren Gesellschaft möglich.

„Es gibt immer eine Möglichkeit mehr", sagte ein Firmenberater, als wir über dieses Buch sprachen. Er spielte damit auf seine Erfahrung an, nach der sich vorgebliche Sachzwänge bei genauer Betrachtung so verrücken lassen, daß sich neue Handlungsoptionen ergeben. Damit meint er nicht, im Besitz einer Zauberformel zu sein, die die Widrigkeiten unserer Abhängigkeiten gleichsam hinwegfegt. Aber die Art und Weise, wie sich jeder Einzelne immer wieder danach fragt, ob es nicht doch noch bessere Lösungen gibt als diejenigen, die scheinbar fest vorgezeichnet sind, kann die Realität verändern. Es ist wie bei einem Schachspiel. Während der ungeübte Spieler eine Konstellation als für sich aussichtslos ansieht und resigniert, findet der geübte noch einen Ausweg und setzt den Gegner erneut unter Druck.

In unserer Gesellschaft wird – im Bild gesprochen – diese Art des Spiels nicht genug geübt. Das ist dem Einzelnen gar nicht vorzuwerfen, denn die Zwänge, unter denen er steht, sind groß genug. Jeder Berufstätige weiß heute ganz genau, daß er sein Hauptaugenmerk darauf richten muß, überhaupt seinen Arbeitsplatz zu behalten. Sein Engagement für Sachfragen wird sich vorzugsweise daran bemessen, ob dieses seiner beruflichen Existenz nützt oder schadet. Genau so sehen wir es in der Politik. Diejenigen, die das Land führen wollen, erklären ständig, welche Rücksichten sie zu nehmen hätten. Sie wollen „Meinungen bündeln", „Mehrheiten organisieren", und was es mit der Mehrheit jeweils auf sich hat, erfahren sie durch Meinungsumfragen. Politik ist nicht mehr die „Kunst des Möglichen", wie der Soziologe Max Weber einmal formuliert hat, sondern die Kunst der Anpassung an Trends. Insofern ist es müßig, Politikerschelte zu üben. Sie führen der Gesellschaft bloß vor Augen, was sich auf allen anderen Ebenen ohnehin jeden Tag abspielt.

Diese Feststellung allein wäre unerträglich. Sie stellte unserer Gesellschaft auch ein schlechteres Zeugnis aus, als sie verdient. Denn immer wieder kommt es vor, daß eigenwillige Typen auf der politischen Bühne erscheinen, sich durchsetzen und dafür geschätzt werden. Ganz so dumpf geht es nicht zu. Das gilt auch für unser alltägliches Leben. Da mögen sich an den Tresen der Behörden oder den Schaltern der Bahn und Banken die Angestellten massenhaft hinter ihren Computern verschanzen. Wir erwarten trotzdem, daß sie für uns mehr tun, als bloß ihrem Schema zu folgen, und uns noch eine Auskunft zusätzlich geben, vielleicht einen Tip oder uns auf ein besonders günstiges Angebot hinweisen, das wir selbst übersehen hätten. Wir mögen zwar in einer Gesellschaft wachsender Zwänge und steigenden Anpassungsdrucks leben, doch ist die menschliche Spontaneität deswegen noch nicht aufgerieben. Das ist auch heute noch die Basis für Verantwortung.

Es gibt immer eine Möglichkeit mehr: Wer diese Spontaneität auch bei sich selbst ernst nimmt, wird auch dort in seiner Welt Fragezeichen anbringen, wo es für ihn selbst unbequem wird. Dabei denke ich an ein Thema, das uns alle betrifft: den Umgang mit den Ausländern. „Wir leben auf einer Insel der Seligen inmitten eines Meers von Elend", sagte einmal Peter Scholl-Latour. Inzwischen ist diese Erkenntnis geradezu trivial geworden, aber sie beschert uns keine trivialen Probleme. Denn was sich in Brindisi und anderen Orten der Südküsten Europas abspielt, ist ebenso wenig mit anzusehen wie die Szenen, die sich bei den Abschiebungen auf deutschen Flughäfen abspielen. Die Zustände in Asylantenheimen und offene Fremdenfeindlichkeit bis zum Mord sollen hier gar nicht erwähnt werden, denn sie sind nur ein weiteres Symptom für ein Problem, daß sich in Abweisung und Ausweisung nur zu klar zeigt. Unsere Gesellschaft grenzt sich gegen Zuwanderung ab, um ihre Identität zu wahren. Daß die Deutschen unter übergroßer Fremdenangst leiden, weiß jeder, der gelegentlich in Frankreich oder England U-Bahn fährt und merkt, wie rasch er sich an die Buntheit der Menschenmengen dort gewöhnt; das sei nur nebenbei erwähnt. Aber unsere Identität versuchen wir mit Hilfe von Methoden zu wahren, die unseren Werten und Rechtsauffassungen ganz offensichtlich nicht entsprechen. Um es zuzuspitzen: Aus Verantwortung gegenüber der eigenen Bevölkerung ermäßigen sich Politik und Justiz ihre Verantwortung gegenüber Asylsuchenden und Zuwanderern. Fahrlässig ist, wer ihnen dies vorwirft, ohne zu bedenken, daß er ja auch davon profitiert. Denn gäbe es keine harten Beschränkungen, sähen große Teile der Städte heute schon ganz anders aus, und die sozialen Konflikte ließen sicherlich niemanden unberührt.

Dies alles zu wissen, kann das Gewissen aber nicht entlasten. Denn wir können jene Regungen nicht einfach abstellen, die die Gesichter der Flüchtlinge, die Gesichter weinender oder erstarrter Kinder in uns auslösen. Für diese Menschen würden wir manches tun, gehörten sie nur zu unserem engeren Lebenskreis. Wer sich dieser Spannung bewußt ist, wird sich durch dieses Thema immer wieder beunruhigen lassen. Auch wenn er weiß, daß es keine Lösung gibt, wird er den allzu flotten Sprüchen der Selbstzufriedenen entgegentreten, Appelle zur materiellen Unterstützung nicht gleich abweisen und in seiner unmittelbaren Umgebung vielleicht die eine oder andere gute Tat verbringen. Dies alles klingt naiv, ich weiß. Aber stellen wir uns nur eine Gesellschaft vor, die sich für Fremde und für das, was außerhalb ihrer Territorien geschieht, nicht interessiert. Solche Gesellschaften gibt es, und sie werden im Gefolge fundamentalistischer und ethnisch zentrierter Nationalismen immer zahlreicher. Wir kennen einige von ihnen aus Zeitungs- und Fernsehberichten. Wer sich diesen Unterschied zu der eben beschriebenen Mentalität verdeutlicht, erkennt leicht, daß die Nachdenklichkeit, die Suche nach „der Möglichkeit mehr" eine kulturelle Leistung von größter Bedeutung darstellt.

Daher stimmt es nur halb, wenn das Schwinden von Verantwortung beklagt wird. Die andere Seite ist stets die, daß auch der Problemdruck zunimmt. Da kann dann verantwortungslos wirken, was einfach dem Problemdruck geschuldet ist. Ob wir uns der zunehmenden Komplexität der Technik zuwenden, den steigenden sozialen Problemen in unserer Gesellschaft oder an dieser Stelle noch bei der Frage nach unserem Verhältnis zu den Fremden verweilen: Die Bereitschaft, sich nicht mit schnellen Antworten zufrieden zu geben, mehr zu tun als bloß „Meinungen zu bündeln", vereinfacht die Probleme für den Einzelnen nicht. Wer seinem Gewissen folgt, versetzt sich in andere Menschen und Situationen. Ihm gehen diese Zusammenhänge näher als dem Gleichgültigen, ihn geht das alles mehr an. Die Kunst, seinem Gewissen zu folgen, verheißt weder Patentlösungen noch guten Schlaf.

Vielmehr ist es umgekehrt. Das beunruhigte Gewissen wird von Befürchtungen geplagt. Alles bloß Schwarzseherei? Wer weiß? Ist erst einmal eine Katastrophe eingetreten wie die Entgleisung des ICE Wilhelm Conrad Röntgen in Eschede im Juni 1998, dann hört die Öffentlichkeit von einzelnen mahnenden Stimmen, die schon vor längerer Zeit Risiken benannt haben sollen. Nach einem solchen Desaster wird jenes Geld für Umrüstungen bereitgestellt, das vorher für solche Zwecke nicht zur Verfügung stand. Ich schreibe das ohne Häme, denn auch hier sind die Dinge kompliziert. Wollte man auf jede Warnung eingehen, hätten wir Sicherheitsstandards, die zum Schaden aller viele technische Entwicklungen schlicht blockieren würden. In diesem Buch geht es daher auch um die Frage, ob die Gesellschaft Mittel findet, Warnungen in angemessenem Maß zur Geltung zu bringen.

Wie elementar die Stimme ist, die sich in der Übernahme von Verantwortung meldet, zeigt sich an einem Grenzfall, der Verantwortung für die Geschichte. Rationalistisch betrachtet ginge uns die Geschichte, die wir nicht selbst gestaltet haben, nichts an. Trotzdem meldet sich die Scham für die Untaten anderer, und die Art und Weise, wie der Einzelne innerlich darauf antwortet, weist seine Würde aus. Dieses Kapitel ist mir beim Schreiben ebenso wichtig geworden wie die Überlegung in Bezug auf die pränatale Diagnostik und den Umgang mit Behinderten am Ende des Buches: Die Stärke einer Gesellschaft zeigt sich an ihrem Verhältnis zu den Schwachen.

Philosophische Erörterungen und philosophiegeschichtliche Ableitungen den Leserinnen und Lesern weitgehend erspart. Dazu gibt es Fachliteratur. Mir kam es lediglich darauf an, die wichtigsten Themen der gegenwärtigen Diskussion über Verantwortung so umfassend darzustellen, wie es jemand erwarten kann, der ein solches Buch zur Hand nimmt. Sollte sich der eine oder andere dabei hin und wieder auch angeregt unterhalten fühlen, so ist das eine nicht unbeabsichtigte Folge der Art der Darstellung.

Wenn ich in den vergangenen Monaten erzählt habe, daß ich gerade an einem Buch über Verantwortung schreibe, gab es bei Freunden und Bekannten fast immer die gleiche spontane Reaktion: Das sei ein interessantes Thema, doch die Menschen würden immer unverantwortlicher. Auch der Soziologe Ulrich Beck spricht von der „organisierten Unverantwortlichkeit". Ich fange daher mit dieser These im ersten Kapitel an, aber es zeigt sich sehr rasch, daß sie nur den Ausgangspunkt für eine Argumentation bietet, die zur Wahrnehmung von Verantwortung hinführt. Das ist sogar im Sinne Becks, denn er sieht ebenfalls eher eine Zunahme als eine Abnahme der Bereitschaft, Verantwortung zu übernehmen.

Skepsis ja, Pessimismus nein, Optimismus nur bedingt: So möchte ich die Position dieses Buches umschreiben. Skepsis ist ein gutes Hilfsmittel, um zu vermeiden, sich selber etwas vorzumachen. Pessimismus verstellt den Blick auf Gestaltungsmöglichkeiten und lähmt. Optimismus kann die Verlierer und Opfer unserer dramatischen Welt übergehen. Aber da, wo noch Chancen bestehen, kann der Optimismus Kräfte mobilisieren. Ich widme dieses Buch deswegen meiner Frau, die als Gynäkologin und Geburtshelferin nicht nur die Schwere der Verantwortung viel unmittelbarer als ich zu tragen hat, sondern im Umgang mit den Patientinnen immer wieder Wege zwischen Intuition und Wissen, Zuversicht und Warnung gehen muß.

Die organisierte Unverantwortlichkeit

Grenzen des Einzelnen

Um von Verantwortung zu sprechen, fängt man am besten da an, wo sie nicht mehr wahrgenommen wird. Das klingt seltsam, hat aber einen guten Sinn. Denn wenn jemand Unverantwortlichkeit anprangert, dann scheint etwas von dem auf, was mit Verantwortung gemeint ist. Man greift also nicht ins Leere. Vielmehr gibt es ein weit verbreitetes Empfinden dafür, daß der Tellerrand der eigenen Interessen nicht mit der Welt verwechselt werden sollte. Und wer mangelnde Verantwortung beklagt, wünscht sich Zeitgenossen, die über diesen Tellerrand hinausblicken – wie er es von sich selber in besseren Momenten erwartet.

Der Begriff „organisierte Unverantwortlichkeit" stammt von dem Soziologen Ulrich Beck. Seiner Meinung nach verteilen Organisationen ihre Aufgaben so, daß einzelne Menschen immer nur für Teilbereiche wirklich verantwortlich sein können, nie aber für das, was am Ende dabei herauskommt. Man könnte es auch das organisierte Achselzucken nennen: Der Grundlagenforscher kümmert sich bei einem risikoreichen Projekt allein um die Grundlagen, der Ingenieur allein um die Umsetzung, der Vertriebsmanager allein um den Vertrieb, der Jurist allein um die rechtlichen Fragen, und der Politiker verläßt sich auf alle zusammen und wird ihnen nur dann Steine in den Weg legen, wenn seine Rücksicht auf Wählerstimmen das erfordert. Niemandem muß das direkt befohlen werden, alle sind damit zufrieden. Mit dem Produkt, das eine Firma herstellt, dem Forschungsergebnis eines wissenschaftlichen Projekts oder den Resultaten politischer Vorgänge beschäftigen sich in der Regel so viele Menschen an verschiedenen Stellen mit unterschiedlichsten Kompetenzen, daß es geradezu absurd wäre, nun einen oder wenige Einzelne für eventuell auftretende Schäden haftbar zu machen.

Das jedenfalls sagen die Firmen und Organisationen selbst. Dadurch wirken sie aber verdächtig. Ihre Selbstbeschreibung klingt wie eine wunderbare Ausrede und erinnert an jenen verabredeten „Mord im Orientexpreß" von Agatha Christie, bei denen mehrere Beteiligte zugleich ein Messer in die Hand nahmen, damit keinem Einzelnen am Ende die ganze Schuld zugerechnet werden konnte. Nun wäre es natürlich Unsinn, hinter jeder Firma oder Forschergruppe eine Verschwörung zu wittern, wie das in manchen linken Kreisen eine Zeitlang üblich war. Fast beunruhigender ist vielmehr die Tatsache, daß sich diejenigen, deren Handlungsfolgen weitreichend sind, gar keine so großen Gedanken machen, wie sie meistens einer Verschwörung vorausgehen.

Allerdings gibt es gravierende Ausnahmen – und ausgerechnet in dem höchst sensiblen Bereich der Atomindustrie. Kein grüner Propagandist hätte sich auszudenken gewagt, was die Atomindustrie praktizierte, indem sie über Jahre Meßdaten von Atommülltransporten verschwieg. Als dies Anfang 1998 bekannt wurde, gerieten gleich mehrere europäische Länder in Peinlichkeiten. Die zuständige deutsche Umweltministerin stritt alle Verantwortung ab. Sie sei getäuscht worden. Daß sie sich hat täuschen lassen, wäre allein schon ein Rücktrittsgrund gewesen, denn wofür sonst trägt ein Politiker Verantwortung als dafür, besser als der normale Bürger informiert zu sein und Risiken abschätzen zu können? Es ist nicht möglich, einerseits jahrelang zu versichern, die Atomindustrie stelle keine besonderen Risiken her, um im Falle der handfesten Widerlegung zu sagen, so genau habe man es nun auch wieder nicht gewußt.

Konrad Adam gilt als konservativer Denker und ist einer der sensibelsten Beobachter der Verrohung öffentlicher Sitten. Er schreibt für die Frankfurter Allgemeine Zeitung, der sicher nicht Unrecht tut, wer sie als industriefreundlich bezeichnet. Voller Sarkasmus beschäftigte sich Konrad Adam in einem Feuilletonartikel mit der Verantwortung der Atomindustrie und der Ministerin. Dabei zitierte Adam einen französischen Kernphysiker, der gesagt haben soll: „Wenn man den Sumpf trockenlegt, dann sagt man es den Fröschen ja auch nicht vorher." Adams Kommentar: „Ein kluger Ratschlag, der offenbar auch in Deutschland eingeleuchtet hat." Und härter als irgendein Linker oder je Ulrich Beck, der im Jahr der Tschernobylkatastrophe, 1996, mit seinem Buch „Risikogesellschaft" schlagartig berühmt geworden ist, fährt Adam fort: „Wo rückhaltlose Offenheit unkalkulierbare Risiken mit sich bringt, die Schummelei dagegen gute Aussichten hat, niemals entdeckt zu werden, spricht viel dafür, den Sumpf nach Art der Franzosen trockenzulegen, das öffentliche Vertrauen in die Atompolitik also dadurch aufzubessern, daß man zu allen Vorfällen, Ausfällen, Unfällen, Abfällen und Störfällen nur das Nötigste sagt, am besten also schweigt." Und an Frau Merkel gerichtet: „Wer als Minister mit einer solchen Industrie zu tun hat, verdient keine Vorwürfe, sondern Mitleid."

Für das Thema der Verantwortung trägt das Verhalten der Atomindustrie nichts aus. Denn wer die Öffentlichkeit bewußt und planvoll täuscht, kann in ethischer Hinsicht nicht ernst genommen werden. Er stellt keine Fragen, die Kopfzerbrechen machen, sondern ist eher ein Fall für den Staatsanwalt. Was Ulrich Beck mit der „organisierten Unverantwortlichkeit" gemeint hat, hat nichts mit absichtlichem Verschweigen und der offensichtlichen Inkompetenz einer Ministerin zu tun, sondern eher mit einer Art von allzumenschlichem Pfusch. Dieser Pfusch hängt damit zusammen, daß die Industriegesellschaften zwar moderne Technik benutzen, aber erst nachträglich darüber nachdenken, was eigentlich geschehen soll, wenn etwas schiefläuft. Die Frage danach ist natürlich immer wieder gestellt worden, aber Politiker und Firmenchefs blockieren ein Nachdenken darüber, wenn sie reflexartig versichern, daß schon nichts passieren werde. Dabei handelt es sich um pure Gedankenlosigkeit, wenn sie so tun, als könnten sie dafür geradestehen, daß die komplizierten Maschinen und Produkte sich nicht eines Tages gegen ihre Erzeuger wenden. Wer das nicht einfach glauben will, steht als ängstlich da und wirkt wie ein Schwächling gegenüber dem vitalen Weltvertrauen, das seinen Bedenken entgegentritt. Das Blatt würde sich allerdings sogleich wenden, wenn die Betreiber großtechnischer Anlagen einen Versicherungsschutz in derselben Weise finanzieren müßten wie jeder Autobesitzer. Dann würde ihr bloßes Vertrauen in nachprüfbare Zahlen umgesetzt werden, und die sind so erdrückend, daß der Staat dort einspringt, wo den Versicherungsgesellschaften ein Abschluß nicht mehr schmackhaft gemacht werden kann.

Ist es aber in Zeiten der Privatisierung angemessen, daß der Staat für Risiken geradesteht, die die vielgepriesene Privatwirtschaft nicht tragen will oder kann? Hier stellen sich ernste Fragen an die Gewissen der Politiker: Müßten sie ihren Wählern nicht sagen, daß sie eine Wette eingehen, deren Einsatz für die Privatwirtschaft schon zu hoch ist? In heimlicher Komplizenschaft setzen sie darauf, daß alles schon irgendwie gutgehen wird, und ihr kurzfristiger Gewinn besteht in Wählerstimmen, die sie ohne das Wohlwollen der Industrie schwerer einsammeln könnten.

Wer war es?

Schon längst sind die Folgen von Wissenschaft und Technik in der Industriegesellschaft weitreichender, als jene Regelungen vorsehen, die ursprünglich zur Lösung von Haftungsfragen erdacht worden sind. Wenn in einem Bergwerk ein Grubenunglück geschah, dann konnte die Ursache dort gesucht werden, wo sich der Unfall ereignet hatte. Diese Klarheit in der Ortsbestimmung und in der kausalen Zurechnung von Unfällen ist in dem Maße verlorengegangen, wie sich diese auf immer mehr mögliche Ursachen zurückführen lassen und die Orte vom Verursacher durchaus weit entfernt liegen können. Eine Firma, die beispielsweise für die Verschmutzung eines Gewässers haftbar gemacht werden soll, kann durchaus mit guten Gründen darauf hinweisen, daß es auch jemand anderes gewesen sein kann, oder daß ein Unfall nicht durch ihr schadhaftes Bauteil, sondern durch das eines anderen Herstellers ausgelöst worden sei. Das Problem der Zurechenbarkeit wird in ethischer Hinsicht umso komplizierter, je näher man es betrachtet. Auf den ersten Blick allerdings erscheint das Problem als lösbar.

Denn Rechtsprechung und Gesetzgebung beantworten die häufig nicht klar entscheidbare Zuordnungsfrage neuerdings so, daß im Zweifelsfall alle Industriebetriebe, die etwa an der Verschmutzung eines Flusses oder der Auslösung einer bestimmten Krankheit beteiligt sein können, haftbar gemacht werden. Wer glaubt, aus der Not weitreichender und nicht klar zurechenbarer Folgen die Tugend der Unbelangbarkeit machen zu können, kann in juristischer Hinsicht eines anderen belehrt werden. Die ethische Frage aber zielt auf eine Ebene, die weiter reicht als die Zuordnung bei Haftungsfragen. Dabei geht es um die Motivation.

Die schwierige Nachweisbarkeit der Folgen einzelner Handlungen kann sich wie eine Rechtfertigung auswirken. Niemand sieht, welche Umweltschäden durch sein Autofahren oder seinen

Urlaubsflug gesetzt werden. Es sind bloß Zahlen, die ihn über seinen verschwindend kleinen Anteil am globalen Verhängnis der Industriegesellschaft informieren. Soll man deswegen auf seinen Wochenendausflug oder den preisgünstigen Flug verzichten? Es gab eine Zeit, da war der Verzicht populär. In den vergangenen Jahren aber haben sich auch Umweltschützer angewöhnt zu betonen, daß sie ihren Mitmenschen unter gar keinen Umständen Askese zumuten wollten, sondern es gehe ihnen lediglich darum, mit den vorhandenen Mitteln klüger umzugehen. Sack und Asche ist auch für sie nicht die Alternative zu Saus und Braus. Weil der Anteil des Einzelnen an den Schäden äußerst gering ist, kann man ihm offensichtlich den großen Verzicht nicht gut predigen. Umgekehrt heißt dies aber, daß wir uns gegenseitig zubilligen, durch unser Streben nach einem möglichst angenehmen Leben jene Welt zu zerstören, die wir genießen.

Dadurch hat die Umweltschutzbewegung an Wucht verloren. Der anklagende ausgestreckte Zeigefinger gegen jene, die man für die großen Schäden und Gefährdungen haftbar machen will, verkommt zur hohlen Geste, wenn der Ankläger einsehen muß, daß er selbst ein heimlicher Profiteur ist. Auch dies kann man unter der „organisierten Unverantwortlichkeit" verstehen. Niemand ist verantwortlich, aber alle profitieren irgendwie. Der Reiseveranstalter trägt keine Verantwortung für die Schäden, die durch den Luftverkehr verursacht werden, denn er bedient ja nur einen Markt. Und der Kunde trägt auch keine Verantwortung, denn er geht nur auf Angebote ein, und das Flugzeug würde auch ohne ihn starten. Wie Willkür müßte es wirken, wollte man Einzelne herausgreifen und dafür verantwortlich machen, daß das exzessive Reisen ganz sicher kein Beitrag zur Erhaltung der Umwelt ist.

Der Philosoph Gottfried Wilhelm von Leibniz hat einmal folgende Überlegung angestellt: Wenn man in einiger Entfernung am Rande eines Meeres steht, wird man einen einzigen Wellenschlag nicht hören. Gleichwohl nimmt man das Rauschen des Meeres wahr, weil sich die Geräusche der einzelnen Wellen addieren. Aus dem einzelnen Unhörbaren wird also das insgesamt Hörbare. Wenn man dieses Bild auf die Gesellschaft überträgt, dann zeigt sich: Der Schaden, den der Einzelne durch sein Verhalten erzeugt, mag unerheblich sein, das Kollektiv aber zerstört ganz sicher durch sein Verhalten die Umwelt. Diese Feststellung mag trivial klingen, für den Begriff der Verantwortung hat sie aber Folgen, die alles andere als trivial sind. Denn im Grunde muß dieser Begriff neu definiert und Denkgewohnheiten müssen revidiert werden.

Kleine Sünden, große Schäden

Wie tiefgreifend sich die Lage verändert hat, kann man sich leicht klarmachen, wenn man auf die christliche religiöse Tradition blickt. Da sah Gott alles, und der Einzelne war sogar für seine Gedanken verantwortlich. Im Schuldbekenntnis der Kirchen wurde von Sünden in „Gedanken, Worten und Werken" gehandelt, und in der Bergpredigt hieß es, daß allein schon das Begehren der Frau eines anderen Sünde sei. Es wurde also nicht darüber diskutiert, was es denn konkret schade, die Frau eines anderen im Stillen attraktiv zu finden, sondern jede Anwandlung heimlicher Lust erschien verdammungswürdig – ganz unabhängig davon, ob daraus in irgendeiner Form eine Handlung hervorging. Heute denken wir völlig anders. Erst wenn aus einer inneren Anwandlung oder aus einer Handlung eine nachweisbar abträgliche Folge erwachsen ist, würden wir die Verantwortung des Einzelnen ins Spiel bringen. Wir denken also von den Handlungsfolgen her und erst in zweiter Linie an die Motivation. Also erst, wenn ein Unglück eingetreten ist, fragt der Richter danach, ob dabei etwa Fahrlässigkeit im Spiel gewesen ist.

Vor diesem Hintergrund kann man unsere Situation nur als absurd bezeichnen. Denn es ist ganz sicher, daß das Handeln der Menschen in ihrer Masse Umweltveränderungen mit katastrophalen Folgen wie Überschwemmungen, Ozonabbau oder Versteppungen zur Folge hat. Der Anteil des Einzelnen daran aber ist so gering, daß man ihn nicht dafür zur Rechenschaft ziehen kann. Daraus müßte man den Schluß ziehen, daß dort, wo alle ein bißchen sündigen, keiner sündigt. Wo alle unverantwortlich handeln, kann niemand mehr zur Verantwortung gezogen werden.

„Organisierte Unverantwortlichkeit" meint der Sache nach eben auch dies: Daß jeder einen kleinen Schaden setzt, der unerheblich ist, daß aber die Masse der Schäden zur Katastrophe führen kann. Nun kann man den Einzelnen aber nicht verantwortlich für die Akkumulation machen, und da wir heute erst dann nach der Gesinnung fragen, wenn ein Schaden nachweislich dem Einzelnen zugerechnet werden kann, gehört zur organisierten Unverantwortlichkeit auch die Tatsache, daß jeder Einzelne einen eventuellen Schuldvorwurf in Bezug auf seinen Lebensstil mit Fug und Recht zurückweisen kann.

Es wird ja auch nie konkret gesagt: Herr Müller fährt zuviel Auto. Sondern es heißt immer: Wir alle fahren zuviel Auto, wir sollten das ändern, denn wenn auch noch die Chinesen anfangen, soviel Auto zu fahren wie wir, wird es endgültig zu einer Klimakatastrophe kommen. Das Argument ist zwar richtig, aber es erklärt nicht, was mein Umgang mit meinem Auto damit zu tun hat, daß irgendwann ein Chinese, der heute erst ein Fahrrad besitzt, seinen Führerschein macht. Im Grunde zielt dieses Argument wieder auf die Gesinnung des Einzelnen. Dahinter steckt die Vorstellung: Wenn alle ihre kleine Verantwortung für die Folgen ihrer Handlungen ernst nähmen, müßten sie ihr Verhalten ändern, und das würde die Schäden dann verringern. Aber das muß bloße Rhetorik bleiben, weil man dem Einzelnen nicht etwas in die Schuhe schieben kann, was er allein gar nicht verursacht hat. Daher wäre es abwegig, ihm vorzuwerfen, daß er Umweltkatastrophen billigend in Kauf genommen habe, als er morgens zur Fahrt ins Büro den Zündschlüssel seines Wagens umgedreht habe.

Es gibt die großen Mahner und Warner, die von Kongreß zu Kongreß reisen, um ihren Mitmenschen einzuschärfen, daß sie ihren Lebensstil ändern müßten, um die Zukunft der Schöpfung zu sichern. Es wäre platt und demagogisch, ihnen vorzuhalten, daß ihre Flüge zu diesen Kongressen ebensowenig zur Erhaltung der Umwelt beitragen wie der hohe Standard ihrer Hotels, die sie auch ganz selbstverständlich in Anspruch nehmen. Dabei hätte ein solcher Hinweis sogar einen guten Sinn. Er würde nämlich auf die Eigentümlichkeit aufmerksam machen, daß die Sorge um die Erhaltung der Umwelt einen gewissen Lebensstandard voraussetzt. Erst diejenigen also, die bereits von der Auszehrung der Ressourcen unsere Welt profitiert haben, machen sich zu ihrem Anwalt.

Im Jahre 1994 wurde in Bonn ein Kongreß über die Frage abgehalten, ob man heute noch vom Bösen sprechen könne. Die Teilnehmer waren sich darin einig, daß man in unserer aufgeklärten Zeit natürlich nicht mehr an den Teufel denke, wenn man an einem Menschen etwas auszusetzen habe, und überhaupt vorsichtig im Gebrauch eines Wortes sei, das alle möglichen metaphysischen Spekulationen über das Treiben niederer Geister wachrufen könne. Vielmehr müsse man wohl davon sprechen, daß das Böse nicht mehr in der Abartigkeit einzelner Bestrebungen oder Verhaltensweisen liege, sondern in die ganz alltäglichen Strukturen unseres alltäglichen Handelns übergegangen sei. Demnach handelt derjenige, der mit bestem Gewissen die Ressourcen unserer Welt in seinem alltäglichen Verhalten verbraucht und seinen Anteil an der Schädigung der Umwelt hat, durchaus böse, ohne im Sinne früherer Vorstellungen und Beschreibungen ein Bösewicht zu sein. Entsprechend ist die kollektive Unverantwortlichkeit eine Struktur des Bösen von besonderer Raffinesse: Es gibt kein benennbares Böses mehr, dennoch bricht sich das Böse Bahn. Diese Gesamtschuld aber kann auf jeden Einzelnen nur so unzureichend zugerechnet werden, wie sich das Vermögen einer Bank auf die Kontoeinlagen der Kunden und ihre Geschäftsaktivitäten zurückführen läßt. Genauso wie sich das Vermögen einer Bank durch den Verleih gegen Zinsen, Börsenspekulationen und andere Aktionen des Managements vermehrt, geht der Masseneffekt unverantwortlichen Handelns über eine bloße Addition der Einzelhandlungen hinaus. Man denke an das Meeresrauschen von Leibniz. Genaugenommen besteht es aus der Akkumulation der Geräusche jeder einzelnen Welle, aber da man eine einzelne Welle aus der Entfernung gar nicht hören würde, entsteht durch die Vielzahl der Wellen eine neue Qualität. Das Ganze ist eben mehr als die Summe seiner Teile.

Der Begriff der „organisierten Unverantwortlichkeit" schließt auch die Möglichkeit ein, daß es gar nicht mehr möglich ist, Verantwortung zu übernehmen – selbst wenn man wollte. Der Einzelne wäre demnach nur Element eines größeren Systems, das man nun böse nennen kann oder auch nicht. Auf jeden Fall macht dieses System mit ihm, was es will. Man sagt auch: Rädchen im Getriebe.

Strukturen der Verantwortung

Wie sich Individuen durchsetzen können

Wenn das Böse tatsächlich „ins System ausgewandert ist", wie es auf dem Bonner Kongreß zu hören war, müssen Organisationen zur Rechenschaft gezogen werden. Dies geschieht, indem Firmen zu Schadenersatzzahlungen oder Bußgeldern verurteilt werden. Das Merkwürdige am Verantwortungsbegriff aber besteht darin, daß man diesen Vorgang nicht wirklich als Wahrnehmung von Verantwortung empfindet. Denn man assoziiert damit immer einzelne Menschen, die ganz persönlich Nachteile in Kauf nehmen müssen, weil sie ihren Sorgfaltspflichten nicht nachgekommen sind. Im Falle einer Firma, die wegen eines Schadens belangt wird, denkt man folglich weiter. Man nimmt an, daß in der Firma nachgeforscht wird, wer in welcher Abteilung Schuld daran trägt, daß es zu Sanktionen gegen sie gekommen ist. Daraus werden dann die Konsequenzen gezogen, die also wieder Einzelne treffen. Der Richterspruch ist genaugenommen nur der Anlaß für eine Art Selbstjustiz, die letzten Endes die Verantwortung an einzelne Personen zurückbindet.

Personen sind demnach die Atome, die letzten Einheiten, auf die sich die Verantwortung bezieht, auch wenn im Vordergrund eine Firma steht, an die sich ein Urteil richtet. Irgendwie assoziieren wir mit diesem Wort etwas Persönliches, geradezu Intimes, und das ist auch ganz richtig. Denn die Wahrnehmung von Verantwortung hat etwas mit Gewissenserforschung zu tun: Habe ich tatsächlich alles nur Erdenkliche getan, um den Eintritt eines Schadens oder ein Unglück abzuwenden? Die Lebenserfahrung lehrt, daß einem manchmal kein Fehler, kein Mangel an Umsicht vorgeworfen werden kann, und die innere Stimme trotzdem sagt, daß da etwas war, das man hätte vermeiden können.

Dieser verinnerlichte Gewissensbegriff macht es so schwer, sich vorzustellen, daß Organisationen wirkliche Träger von Verantwortung sein können. Auf der anderen Seite liegt kaum etwas näher, als gerade dies anzunehmen, denn nur im Rahmen von Organisationen entstehen jene Produkte und Handlungen, deren Folgen von Einzelnen nicht zu bewältigen sind. Kein Mensch könnte allein ein Auto bauen – schon gar nicht massenhaft, so daß es zur Umweltplage wird. Wen aber wollten wir hierfür anklagen? Rudolf Diesel, Henry Ford oder alle jene Fabrikarbeiter, die mit der Herstellung von Autos ihr Auskommen sichern? Wenn man diese Frage ernsthaft stellt, dann kann man eine interessante Beobachtung machen: Die ersten, die anfingen, Autos zu bauen, konnten nicht ahnen geschweige denn sich vorstellen, welche Folgen durch die Emissionen eines Tages entstehen würden. Entsprechend hätten wir es mit dem seltsamen Fall zu tun, daß jemand erst postum wirklich schuldig wird, indem die Handlungsfolgen, die auf ihn zurückgehen, immer größere Ausmaße annehmen.

Das Bild eines Kraken tritt vor das innere Auge, eines Kraken, dessen Arme immer weiter reichen und der sich aus Wesen zusammensetzt, die früher einmal als Individuen in sittlichem Sinne das Höchste waren, woran Ethiker denken konnten. Der Einzelne ist nur noch Element dieses Kraken, und die Firmen sind seine Unterorganisationen. Das Bild des Kraken, das man für die italienische Mafia verwendet hat, drückt in seiner abstoßenden Häßlichkeit die Ohnmacht aus, die jene empfinden, denen das Verhängnis der modernen Industriegesellschaft besonders klar vor Augen steht. Alle sind wir verstrickt in ein Geschehen, das selbst bei edelsten Motiven nicht aufzuhalten ist. Auch ein Hans Jonas, der das „Prinzip Verantwortung" als letzten Appell zur Umkehr formuliert hat, konnte nicht anders als anzuerkennen, daß selbst die „großen Akteure" an den Spitzen der Unternehmen und Staaten, nicht mehr Herren ihres Tuns sind.

Der unauflöslich scheinende Widerspruch, daß der Einzelne nur noch ein Element der großen Organisationen ist, wir uns gleichwohl aber keinen anderen Adressaten für die Verantwortung vorstellen können als eben das „ansprechbare" Individuum (Hans Jonas), läßt sich wenigstens teilweise auflösen. Dazu muß man allerdings einen Perspektivenwechsel vornehmen. Man darf dabei nicht auf jene ganz großen Katastrophen schauen, die das menschliche Maß überschreiten: Klimaveränderung, Unfälle in Kernkraftwerken oder der Abbau der Ozonschicht. Vielmehr geht es bei dieser Betrachtung um den Normalfall im Alltag, um die vielen kleinen Entscheidungen, die nicht jedesmal die ganze Welt aufs Spiel setzen. Der Technikphilosoph Günter Ropohl, selbst gelernter Ingenieur, ist auf folgenden typischen Fall gestoßen:

Eine kleine Maschine mit Nebenfolgen

Eine Firma, die diverse Gartengeräte herstellt, entschließt sich eines Tages, einen sogenannten Laubsauger zu entwickeln. Ein solches Gerät soll die Arbeit des Hobbygärtners erleichtern, indem es ihm erspart, das Laub zusammenzuharken, aufzuheben und in entsprechende Behältnisse zu füllen. Für Fortschritte dieser Art nimmt die Gesellschaft ganz selbstverständlich Belästigungen wie Lärm in Kauf. In diesem Fall nun stellte sich aber heraus, daß die Lärmentwicklung dieses Gerätes die Erwartungen der Entwickler übertraf. Und, schlimmer noch, der Laubsauger zerhäckselte nicht nur das angesaugte Laub, sondern auch noch die Kleintiere, die sich darin eingerichtet hatten. Weder die Lärmentwicklung noch die unsinnige Vernichtung der Kleintiere ließen sich reduzieren. Am liebsten hätte der Ingenieur, der dieses Projekt leitete, auf den Laubsauger ganz verzichtet. Aber wie die Entwicklungskosten wieder hereinbekommen? Für die Geschäftsleitung stand ein Verzicht daher nicht zur Diskussion. Sie machte dem Ingenieur auch klar, daß er bei einer Weigerung, an dem Projekt des Laubsaugers weiter mitzuwirken, gekündigt würde, denn die Firma sei nicht in der Lage, ihm an anderer Stelle eine gleichwertige Arbeit anzubieten.

Hier liegt ein Problem vor, das den Vorteil hat, noch unapokalyptisch zu sein. Das Schicksal der Welt wird hier noch nicht aufs Spiel gesetzt, und die Handelnden stehen nicht mit dem Rücken zur Wand. Die Wahrnehmung alltäglicher Verantwortung kann man hieran besser studieren als an Fällen, bei denen gleichsam die Sirenen schon zu heulen begonnen haben. Auf jeden Fall wird der Ingenieur, wenn er bei klarem Verstand ist, sich sehr genau überlegen müssen, ob er wegen des Laubsaugers seine Stellung aufgeben will. Ein Widerstandsakt dieser Art würde allzu heroisch wirken – eine Donquichotterie für intakte Gartentierchen und ungestörte Nachbarschaftsruhe. Auf der anderen Seite lauert allerdings ein Zynismus, für den die Umwelt wenig bedeutet, solange nur das Geschäft läuft.

Auflösen ließe sich, so Günter Ropohl, dieser Konflikt nur, wenn dem Ingenieur der Nachteil der Kündigung erspart bliebe. Das ist Sache der betreffenden Firma. Die Politik aber müßte dafür sorgen, daß ein solches Produkt überhaupt verboten wird, denn man muß sich vorstellen, was passiert, wenn der eine Hersteller aus Einsicht darauf verzichtet, dafür aber der Konkurrent damit auf den Markt kommt und schöne Gewinne einstreicht. Diejenigen, die freiwillig verzichtet haben, werden diesen Nachteil gewiß nicht ein zweites Mal in Kauf nehmen.

Das Argument von Ropohl läuft also darauf hinaus, daß weder einzelne Menschen noch Firmen durch Nachteile zu hoch bestraft werden dürfen, wenn sie versuchen, ihre Verantwortung wahrzunehmen. Diese Überlegung führt auf eine Paradoxie: Organisationen müssen ihre eigenen Elemente – die Personen, die in ihnen mitwirken – so stärken, daß sie dem Druck der Organisation standhalten können. Der Einzelne soll seine Verantwortung wahrnehmen können, ohne in eine Widerstandssituation hineingezwungen zu werden, die ihn entweder korrumpiert oder zum Heroismus zwingt. Je risikoreicher es für den Einzelnen ist, seine Einsichten, Befürchtungen oder Warnungen im Rahmen einer Organisation zur Geltung zu bringen, je stärker eine Organisation das Individuum in sich aufsaugt, es neutralisiert, desto fataler werden die Folgen sein, die von ihr ausgehen.

In dieser Allgemeinheit wird niemand dieser Feststellung widersprechen können. Aber Ropohls Vorschlag, ein Gleichgewicht zwischen Individuum und Organisation dadurch herzustellen, daß ein Kritiker Kündigungsschutz genießt, kann fatale Nebenwirkungen haben. Denn es gibt kaum ein neues Produkt, das sich nicht mit guten Gründen kritisieren ließe. Im Zweifelsfall könnte sich ein Ingenieur, der seiner befürchteten Kündigung durch die Firma zuvorkommen möchte, als Kritiker aufspielen, um in den Genuß des Kündigungsschutzes zu kommen. Dagegen ließe sich einwenden, daß neutrale Gremien über die Berechtigung von Einwänden urteilen sollen. Unter der Hand aber würden sie zu Stellen, die über Lebensschicksale kritisierender Ingenieure entscheiden. Kommen sie zu dem Ergebnis, daß eine Befürchtung hinsichtlich eines Produktes unbegründet sei, fliegt der Ingenieur. Umgekehrt können Kritiker in den Verdacht geraten, Umweltschutz zu sagen und die Sicherheit ihres Arbeitsplatzes zu meinen. Man muß sich also genau überlegen, wie ein solches Gremium, das die Kunst, seinem Gewissen zu folgen, unterstützt, konstruiert sein soll, damit es am Ende nicht das Gewissen funktionalisiert. Eine erhebliche Skepsis gegenüber diesem Vorschlag wird nicht ganz leicht auszuräumen sein.

Umgekehrt ist in Zeiten der Arbeitslosigkeit die Drohung, seinen Arbeitsplatz aus Gewissensgründen zu verlieren, von größtem Gewicht. Reflexartig wird jeder seine Bedenken hintanstellen, wenn er nur weiterarbeiten darf. Doch wenn der Einzelne anfängt, genauer nachzudenken, können sich ihm noch andere Einsichten eröffnen. So kann er sich fragen, wieviel er tatsächlich seiner Firma verdankt. Ist er nicht mehr als sein Job? Und vor allem: Wieviele Kompromisse wird er noch eingehen?

Jeder, der einmal in ernsthaften beruflichen Schwierigkeiten war, weiß, daß er sich dabei verändert. Er nimmt wahr, daß seine negativen Seiten stärker, die positiven aber schwächer werden. Wieweit soll das gehen? Verantwortung wahrzunehmen heißt auch, die Einflüsse, die einen selbst verändern, genau zu beobachten. Andere, die Familie und Freunde, tun das sowieso. Auch die kann man zu Rate ziehen. Da kann sich dann zeigen, daß der Verlust des Arbeitsplatzes vielleicht ein geringeres Übel ist als die Veränderung der eigenen Persönlichkeit zum Schlechten. Wenn jemand bemerkt, daß seine vitalsten Kräfte durch unsägliche Kompromisse versiegen, dann kann er sich sagen, daß er auf Dauer alles verlieren wird: seinen Arbeitsplatz und sein soziales Umfeld. Vielleicht ist es dann besser, einen risikoreichen Schritt zu tun, um sich selbst wiederzufinden. Der Physiker und Philosoph Carl Friedrich von Weizsäcker hat einmal in Bezug auf solche Entscheidungen gesagt, daß man zuerst den einen Schritt ins Dunkle tun müsse, um die nächsten zu erkennen. Das ist nicht im Sinne eines Rezeptes zu verstehen. Aber diese Überlegung kann dazu anregen, die eigene Position genauer zu bestimmen. Es gibt den Schrecken ohne Ende und das Ende mit Schrecken. Die Kunst, seinem Gewissen zu folgen, besteht auch darin, solche Möglichkeiten in Betracht zu ziehen, wenn man bemerkt, wie man sich selbst in unzuträglicher Weise verändert. Dieser Schritt ins Dunkle muß dabei nicht immer in der Radikalität der Verweigerung oder der Kündigung bestehen. Es kann schon genügen, gegenüber Kollegen und Vorgesetzten die Grenzen aufzuzeigen, über die man in Zukunft nicht mehr zu gehen gedenkt. Ganz konkret bezogen auf das Beispiel von Günter Ropohl: Was kommt nach dem Laubsauger? Merkt derjenige, der so fragt, daß er nicht ernst genommen wird, dann sollte er wissen, wann es Zeit ist, sich zu verabschieden. Denn ihn selbst hat die Firma schon längst abgeschrieben.

Die Schwere der Verantwortung

Komitees, Gott und das Gewissen des Einzelnen

Die Frage danach, wer letztlich für bestimmte Vorgänge oder Entscheidungen verantwortlich ist, markiert die Grenze demokratischer Verantwortungsstrukturen. Wo alle verantwortlich sind, ist es letztlich keiner mehr, weil jeder sich auf den anderen berufen, sich hinter ihm verstecken kann. Auch das muß man bedenken, wenn man davon spricht, daß Organisationen Subjekte verantwortlichen Handelns sind.

Bleiben wir bei dem erwähnten Laubsauger, von dem Günter Ropohl berichtet. Ropohl folgert daraus, daß Firmen Abteilungen einrichten müßten, die sich mit der Technikfolgenabschätzung beschäftigen. Solche Abteilungen hätten, so Ropohl, den großen Vorteil, daß hier zahlreiche Kompetenzen zusammenkommen. Das Argument, es sei Anmaßung, wenn zum Beispiel ein einzelner Ingenieur glaube, vor den Folgen bestimmter Produkte warnen zu sollen, verliert in dem Maße an Bedeutung, wie neben den Technikern Ärzte, Sozialwissenschaftler, Psychologen, Juristen und andere Experten sitzen. Sie würden ein Wissen versammeln, das nach menschlichem Ermessen geeignet sein sollte, auch langfristige Auswirkungen umfassend einzuschätzen. Auf diese Art und Weise würden die Rudolf Diesels oder die Henry Fords rechtzeitig auf den Unsinn ihres Tuns hingewiesen werden können.

Es zeigt sich aber immer wieder, daß dies kaum je der Fall ist. Komitees irren nicht weniger als Individuen und sie sind in der Regel träger. Man merkt ihren Entscheidungen an, daß Kompromisse geschlossen wurden und die Beteiligten versucht haben, sich untereinander nicht weh zu tun. Zwar mag es sein, daß manches in Gestalt eines Kompromisses auf Dauer sinnvoller ist als die Einseitigkeit einsamer Beschlüsse. Aber eine Technikfolgenabschätzungsbürokratie hat alle Nachteile, die wir aus den Verwaltungen kennen. Die Umständlichkeit von Verwaltungsvorschriften deutet darauf hin, daß der Mensch eher dann wirkliche Leistungen erbringt, wenn er unter Druck gerät und sich als Einzelner dem Risiko aussetzt, mit seinen Ideen zu scheitern. Darin liegt der Sinn der Privatisierung und des wirtschaftlichen Wettbewerbs.

Mit dieser Einsicht gerät man allerdings leicht in die Nähe eines bloßen Marktliberalismus und liefert vordergründig ein Argument für einen deutschen Thatcherismus. Auch wenn die Propagandisten einer zunehmenden Ökonomisierung der Gesellschaft behaupten, damit die Autonomie und die Verantwortung des Einzelnen zu stärken, spricht der Augenschein nicht dafür. Wo die Wirtschaft allein das Sagen hat und die Jagd nach individuellen Vorteilen die Handlungsregeln vorgibt, wird immer kurzfristiger gedacht. Wenn man die Börse als Bild für diesen Zustand nimmt, dann wird man damit gerade nicht Räume verbinden, in denen nachdenkliche Menschen über ihre Verantwortung für die Gesellschaft und die Zukunft der Welt nachdenken.

In Komitees, Verwaltungen oder Abteilungen wird die Verantwortungsbereitschaft des Einzelnen geschwächt, weil er als Person nicht in erkennbarer Weise gefordert ist. Wenn „gemeinsame Beschlüsse gefaßt" werden, dann ist das etwas anderes, als wenn ein Einzelner mit sich zu Rate geht und für das, was er für richtig hält, ohne Wenn und Aber einstehen muß. Die Art des Wettbewerbs in einer neoliberalen Gesellschaft zeigt wiederum, daß der Gedanke, die Verantwortung würde unter Wettbewerbsbedingungen am ehesten gestärkt, nur eine Teilwahrheit enthält. Denn wenn der Erfolg im Wettbewerb allein am materiellen Status des Einzelnen abzulesen ist, dann wird die Verantwortung für alles, was sich nicht darauf bezieht, systematisch liquidiert. So betrachtet, sollten die Ordoliberalen das Wort „Verantwortung" gar nicht erst benutzen, denn was sie meinen, ist im Grunde nicht mehr als Jagdglück.

Weniger polemisch ausgedrückt könnte man sagen, ihre Auffassung bestehe darin, daß „jeder seines Glückes Schmied" sei. Dieser Satz klingt selbstgerecht. Wenn man ihn uneingeschränkt stehen läßt, enthält er die absurde Behauptung, daß es kein Schicksal gibt. Das meinen diejenigen, die ihn im Munde führen, natürlich nicht. Sondern sie zielen auf den Punkt, daß der Einzelne für sich selbst eine Verantwortung trägt, die ihm nichts und niemand abnehmen kann. Sie ist unabhängig von allen Komitees. Die christliche Religion hat dafür das Bild, daß der Einzelne vor seinem

Richter steht. Eine säkularisierte liberale Sicht der Wirklichkeit übernimmt dieses Bild, läßt aber den Richter weg. Auf diese Weise entsteht ein Individualismus, der allein das Streben nach Erfolg kennt, und zum Thema der Verantwortung bestenfalls eine Fußnote beisteuert.

Siege und Niederlagen

Erfolg dient dazu, dem Einzelnen seinen Selbstwert zu dokumentieren. In diesem Sinne ist er eine säkularisierte Form der calvinistischen Lehre, nach der hiesiges Glück auf ein besonderes Wohlwollen Gottes schließen läßt. Blickt der Einzelne aber nur noch auf sich selbst und seinen Erfolg, steht er innerlich also vor keinem Richter mehr, wird er zum Freibeuter. Um sich nicht vollständig zu isolieren, sagt er nun, alle anderen seien doch auch Freibeuter, und das sei gut so, denn wenn jeder nach seinem Glück strebe und alles dafür tue, gehe es am Ende allen besser. Die Paradoxie, die in dieser Anschauung steckt, besteht darin, daß jeder seine Verantwortung für die Gesellschaft dadurch am besten wahrnimmt, daß er sie abschüttelt.

Im Grunde glauben auch diejenigen, die Institutionen für die Wahrnehmung von Verantwortung fordern, an diese liberale Lehre. Nur drehen sie sie um. Da sie dem Einzelnen nicht zutrauen, Verantwortung wahrnehmen zu können, fordern sie Gremien, die eine doppelte Aufgabe haben. Sie sollen den Einzelnen kontrollieren und sie sollen einen Raum bieten, in dem Bedenken angemessen zur Geltung gebracht werden können. Als Bedenkenträger wird also der Einzelne verstärkt, als Verfechter von Ideen und Projekten muß er Rechenschaft ablegen. Der „innere Gerichtshof" Kants, womit er das Gewissen beschrieb, wird also nach außen verlagert. Dadurch geschieht eine Veränderung gegenüber der eigenen Gewissenserforschung. Denn es ist etwas anderes, ob man sich selbst von der Richtigkeit einer Entscheidung überzeugen will oder ein Gremium. Ich kann es als Sieg über mich selbst empfinden, auf etwas zu verzichten, das anderen schaden könnte. Veranlaßt mich aber ein Gremium dazu, ist das eine Niederlage. Man wird also in einem Gremium leicht dazu verleitet, anders zu argumentieren, als man es tut, wenn man mit sich selbst zu Rate geht. Die Entscheidung, die ein Gremium trifft, hat daher in der

Regel andere Gründe als eine Einzelentscheidung. Nur im Idealfall würden sich die Mitglieder eines Gremiums genau so äußern, wie sie es sich selbst gegenüber täten. Aber dafür gibt es keine institutionelle Garantie.

Nur scheinbar wird die Schwere der Verantwortung dadurch geringer, daß sie auf verschiedene Schultern verteilt wird. Denn wenn jemand seine persönliche Verantwortung an ein Gremium delegiert, das er lediglich zu überzeugen versucht, ohne selbst vielleicht ganz überzeugt zu sein, spricht er sich von persönlicher Verantwortung frei. Nicht er, sondern das Gremium hat schließlich entschieden, und sein Anteil an diesem Beschluß dividiert sich durch die Zahl der Mitglieder. Das, was Ulrich Beck als „organisierte Unverantwortlichkeit" bezeichnet hat, kann sich paradoxerweise gerade in jenen Gremien herstellen, die um der Verantwortung willen gebildet worden sind. Man kommt wohl um die Einsicht nicht herum, daß Verantwortung nur dann wirklich wahrgenommen werden kann, wenn der Einzelne auf die Stimme seines Gewissens hört.

Allerdings wäre es ein Fehler, diese Einsicht gegen die kollektive Verantwortung auszuspielen, die Betriebe und ihre Gremien übernehmen können – und selbstverständlich der Staat. Denn Gewissensentscheidungen sind um so riskanter, je einsamer sie getroffen werden. Die Möglichkeit, auf die innere Stimme zu hören, wird nicht dadurch gemindert, daß es auch äußere Stimmen gibt. Ganz im Gegenteil braucht die innere Stimme die äußere, wenn sie keine fanatischen Ratschläge erteilen soll. Dies jedenfalls glaubt der katholische Philosoph Robert Spaemann, und auch wenn man einige seiner Voraussetzungen nicht teilt, läßt sich an seiner Argumentation etwas für die Verantwortung Bedeutsames ablesen. Denn Spaemanns Argument läuft auf eine jener für die Ethik zentralen Paradoxien hinaus:

Gott oder Terror

Ethisches Verhalten ist für Spaemann im Grunde nichts anderes als sachgerechter, angemessener Umgang mit Menschen und Dingen. Dazu gehört die Fähigkeit, eigene Interessen in den Hintergrund treten zu lassen. Ethik sei das Erwachen aus einen Traum. In diesem Traum kreise die Welt um das Ich, und nur was mit dem

Ich unmittelbar verbunden war, hatte für dieses Ich Realität. In dem ethischen Erwachen aber wird, wie Spaemann so unnachahmlich sagt, der Zahnschmerz des anderen für mich so real wie mein eigener. Die Maßstäbe für das Handeln bezieht Spaemann aus der Angemessenheit an die Probleme, die gelöst werden müssen. Er hält es nicht für zulässig zu sagen: „Dieses oder jenes müßte eigentlich getan werden, aber aus ethischen Gründen wird es unterlassen." – „Nein", sagt Spaemann, „wenn etwas wirklich notwendig ist, dann ist es das auch in ethischem Sinne."

Für sich genommen ist das die Überlegung eines Heiligen – oder eines Terroristen. Denn Heilige und Terroristen stellen ihr eigenes Wohlergehen in den Hintergrund, weil es ihnen um die Erlösung der Welt geht. Um sich gegen die terroristische Konsequenz abzusichern, führt Spaemann einen Autraggeber für das ethische Handeln ein, und der ist Gott. Anders, sagt Spaemann, sei die Verantwortung zu schwer. Lenin habe in Anlehnung an Dostojewskij festgestellt, es sei alles erlaubt, wenn es Gott nicht gäbe. So aber liege eben die letzte Verantwortung bei Gott, und der Mensch könne sich darauf beschränken, das zu tun, was in seinem Rahmen möglich, richtig und sittlich geboten sei.

Gott ist für Spaemann der große Gesprächspartner, der das Gewissen dadurch entlastet, daß er die letzte Verantwortung trägt. Die Paradoxie dieser Anschauung liegt darin, daß dem einzelnen dadurch nicht die Verantwortung abgenommen wird, wie landläufige Religionskritik gemeint hat. Vielmehr wird sie so eingegrenzt, daß der einzelne sie tragen kann, allerdings auch tragen muß, will er nicht in träumender Naivität verharren.

Die Paradoxie religiös begründeter Ethik markiert eine Abschattung der Verantwortung. Um sie wahrnehmen zu können, muß eine Grenze gezogen werden. Geschieht dies nicht, können unmögliche Forderungen das verantwortliche Subjekt zerstören. Der Widerspruch besteht darin, daß nur der Verantwortung übernehmen kann, der sich nicht für alles verantwortlich fühlt. Ob er sich nun Gott oder einem Komitee gegenüber verantwortet – beide Instanzen haben auch den Sinn, dem Einzelnen bei der Grenzziehung zu helfen und klar den Bereich zu markieren, innerhalb dessen er Verantwortung tragen kann. Ein Komitee allerdings kann dazu verführen, es zu täuschen. Gott aber, so heißt es in der Religion, blicke ins Herz.

Verführung

*Wie der Mensch aus dem Gleichgewicht
gebracht werden kann*

Das ganze Mittelalter hindurch haben sich die Theologen immer schlimmere Dinge ausgemalt, die Gott im Herzen des Menschen erblicken könnte. Der Begriff des Lasters umschrieb all jene Bestrebungen, die den Einzelnen selbstsüchtig erscheinen ließen: Habsucht, Gier, Neid, Völlerei, Wollust und Müßiggang. Die Idee vom „guten Leben", wie sie Teile der antiken Philosophie entwickelt hatten, war der Selbstkasteiung gewichen. Das Seelenheil erforderte, sich der Verführung irdischer Güter und leiblicher Genüsse zu entziehen, um den Forderungen Gottes zu genügen und auf diese Weise sein Wohlgefallen zu gewinnen. Denn da diese Welt sündig war und vergehen würde, konnte das Heil nur im Jenseits bei Gott gesucht werden.

Die radikale Hinwendung zu Gott bei gleichzeitiger Abwendung von der Welt löst das Problem der Verantwortung nicht. Radikale Gruppen wie jene Flagellanten, die sich buchstäblich selber geißelten, oder weltabgewandte Asketen, die sich als Säulenheilige gut sichtbar aber unbequem einrichteten oder andere Orte außerhalb der Gesellschaft für sich reklamierten, zogen sich die Kritik der etablierten Kirchentheologen zu. Ihr Radikalismus sei sektiererisch, und, so ließe sich fortfahren, wo Sekten sind, da sind auch Verführer nicht weit. Vom Heiligen zum Ketzer ist es nur ein Schritt, und der vorgeblich Heilige kann sich zu einem Tyrannen verwandeln, dessen Verführungskraft wie eine Droge wirkt. Hier findet ein Zusammenspiel zwischen Gottesdenkern und Gottesfanatikern, Führern und Verführten statt, das auf die Verführungskraft einfacher Antworten zurückgeht.

Denn der Satz Dostojewskijs, ohne Gott sei alles erlaubt, läßt sich mit Fug und Recht auch umdrehen: Mit Gott ist alles erlaubt, denn die Welt ist ohne Gott ein Nichts. Theologen haben dies in der Regel nicht so offen gesagt, auch wenn der Kirchenvater Augustin formulierte: „Gott und die Seele will ich erkennen. Sonst nichts? Überhaupt nichts." Die Verachtung der materiellen Wirklichkeit der Welt, symbolisiert in der Fleischeslust, verleitet zur Flucht in die Spiritualität. Die Welt ist vorübergehende Bleibe, mehr nicht, und verdient nicht einmal pflegliche Behandlung. Niemand renoviert ein Haus, das ohnehin bald abgerissen wird.

Jesus und der Großinquisitor

In den vergangenen Jahren ist es Mode geworden, von der Schöpfung zu sprechen und daraus abzuleiten, daß sich das Christentum in seinen ursprünglichsten Intentionen um die Natur gesorgt habe. Eine solche Aussage trifft aber nur auf das Judentum zu. Denn anders als die Christen glauben die Juden nicht an eine völlige Vernichtung der Welt. In ihrer Apokalypse wird Gott in dieser Welt sein Königreich errichten, und also sollte sie in einem guten Zustand sein. Im christlichen Glauben spielt die Welt als Plattform für das letzte Erscheinen Gottes keine Rolle mehr. Da findet alles im Himmel statt. Die erwähnten Übertreibungen der Sektierer, Asketen und Ketzer mögen Karikaturen christlicher Theologie und Frömmigkeit sein, aber wie jede gute Karikatur treffen sie eine Wahrheit. In diesem Falle besteht sie darin, daß ein Gott, der die Apokalypse auf seinem Programmzettel hat, die Welt zuletzt nicht ernst nimmt. Das tun auch nicht die Gläubigen, die sich ihm mit Haut und Haaren verschreiben.

Es wäre falsch, die Weltflucht als eine Schwärmerei aufzufassen, die aus bloßem Überdruß entsteht. Die Christen, die sich ganz dem jenseitigen Gott zuwandten, sind nicht mit jenen Vertretern der reichen westlichen Mittelschichten zu verwechseln, die in den 60er Jahren zum Bhagwan gepilgert sind, um endlich etwas zu erleben. Die christliche Weltflucht hat einen anderen Grund, der im Rätsel des Bösen liegt. Augustin stellte die Frage nach der Ursache menschlichen Leidens und gab die Antwort, daß sie in der Sünde des Menschen zu suchen sei. Die Schwierigkeit dieser Antwort besteht aber darin, daß auch schon Kinder leiden, denen keine Schuld, keine Verfehlung zugerechnet werden kann. Demnach wäre Gott ungerecht, ein Willkürherrscher, der alle menschliche Verachtung verdiente. Um dieser Konsequenz zu entgehen, vergrößerte Augustin die Schuld des Menschen, um alle Ansprüche an einen gerechten Gott von vornherein abzuweisen. Die Erbsünde, die sich über die Zeugung von einem Menschen auf den anderen überträgt, rechtfertigt die Tatsache, daß Gott die Menschen in einer Weise heimsucht, die ihn nach moralischen Maßstäben selbst diskreditieren würde. Eine Folge der Überlegung Augustins besteht darin, daß die Welt als Ort der Sünde keinerlei Interesse verdient. Etwas psychologisierend ausgedrückt: Augustin wendet sich vom Ort des Entsetzens schaudernd ab und ist so traumatisiert, daß er ihn nicht wieder betreten möchte. Trost und Heil gibt es für ihn nur noch im Jenseits, das von einem Vater regiert wird, der nicht böse sein kann, weil er Gott ist. Die Bosheit des Menschen, die Last der Erbsünde sind umgekehrt proportional zur Güte Gottes. Die Welt als kontaminierter Ort treibt zur Flucht, und Sektierer haben schon zu Lebzeiten ihre Existenz aus der Wirklichkeit der Welt herauszupräparieren versucht.

Die christlichen Kirchen haben diese Konsequenz abgemildert, denn anders als bei den radikalen Splittergruppen definiert sich ihr Eigeninteresse in der Fortexistenz. Organisationen lösen sich nicht auf, sondern setzen sich fort. Dadurch entsteht bei den Kirchen aber ein Spannungsverhältnis zwischen ihrer Aufgabe, das nahe Ende zu verkünden, und ihrem Interesse daran, sich in dieser Welt zu behaupten. Auch davon wußte Dostojewskij zu berichten, als er in „Die Brüder Karamasow" den Großinquisitor auftreten ließ. Jesus sei unverantwortlich gewesen, heißt es da, weil er den Menschen nicht das ersehnte Brot, sondern einen Glauben eingeredet habe, nach dem diese gar nicht verlangt hätten. Eine solche Überforderung könne die Kirche sich nicht leisten, denn als Organisation müsse sie auf die wahren Bedürfnisse der Menschen eingehen. Und die bestünden eben in dem Verlangen nach Brot.

Man kann den Großinquisitor auch einmal ins Positive wenden. Dann wären die Kirchen nicht so lächerlich, wie sie auf den ersten Blick erscheinen, sondern Organisationen, die gar nicht so schlecht eine Spannung ausnützen, um sich selber am Laufen zu halten. Diese Spannung besteht zwischen einem Glauben, der immer in Gefahr steht, sich zu verselbständigen, und der trivialen Notwendigkeit, hier und heute zurecht zu kommen. Die Kirche verleiht dem Glauben Bodenhaftung.

Spannungsverhältnisse tendieren zur Auflösung. In der Gegenwart haben die Kirchen wohl kaum mit dem Problem zu kämpfen, daß ihre Anhänger den Verführungen jenseitiger Mächte erliegen. Vielmehr erscheint der Glaube an diese als unnötiger Zierrat. Warum, so lautet die Frage, nicht ganz in dieser Welt leben, anstatt nach überweltlichen Instanzen zu schielen? Wenn denn da schon kein Gott ist, der verläßlich in diese Welt eingreift, so ist es allemal vernünftiger, sein Schicksal selber in die Hand zu nehmen.

Es bleibt aber ein Rest – ein Rest an Sehnsucht danach, etwas mehr zu tun als zu kaufen und zu verkaufen. Man muß gar nicht der These anhängen, daß der Mensch unheilbar religiös sei, um zu erkennen, daß der Mensch mit dem, was er tut, einen Sinn verbinden möchte. Davon profitiert die Wirtschaft. Ein Geschäft, der Aufbau eines Unternehmens oder eine Karriere gelingen denen am besten, die etwas damit anstreben, das über die bloßen Erfolgszahlen hinausgeht. Soziologen sprechen heute davon, daß die Menschen mehr als früher den Beruf als Sinnerfüllung betrachten. Wäre die Wirtschaft nur dazu da, die Menschen mit Gütern und Dienstleistungen zu versorgen, wäre das Problem der Arbeitslosigkeit nicht so akut, wie es sich heute bemerkbar macht. Dann könnten Arbeitslose nur über einen Mangel an Konsummöglichkeiten klagen, nicht aber darüber, daß ihnen zu Hause die Decke auf den Kopf fällt. Und der Staat würde weniger unverantwortlich handeln, indem er nicht alles daran setzt, Jugendlichen Wege zu einer Berufsausübung zu öffnen. Die Probleme, die deren Lebensweg belasten, haben wiederum kaum etwas mit der Einschränkung von Konsummöglichkeiten zu tun, als vielmehr damit, daß ihre Suche nach Strukturen, die ihrem Leben eine Form geben, vergeblich ist.

Diese Beschreibung mag reichlich idealistisch wirken, denn Lehrer, Ausbilder und andere, die mit Jugendlichen zu tun haben, berichten von der Konsumfixiertheit der jungen Menschen. Das ist aber gar kein Widerspruch zu der Meinung, Jugendliche suchten in erster Linie Lebenssinn. Denn der Konsum selber soll das Leben des Konsumenten mit Sinn erfüllen. Die Verführung, die einst von einem jenseitigen Gott ausging, hat sich ins Innerweltliche verlagert und geht jetzt von jenen Produkten aus, die die Industrie planvoll anbietet. Die religiöse Richtung hat gewechselt, der Sog aber ist geblieben.

Die Verlagerung des Religiösen in die Produkte läßt sich für die Entwicklung von Marketingstrategien zunutze machen. Vorgeführt haben das zwei Philosophen, Norbert Bolz und David Bosshart. „Kultmarketing" nennen sie eine Strategie, die darauf abzielt, ganz gezielt Kulte um bestimmte Marken aufzubauen, so daß der Kauf eines Produktes zum religiösen Akt werden kann. Hatte die Kirche einst die Zuwendung zu weltlichen Genüssen unter den Verdacht der Abkehr von Gott gestellt, so ist dieser Gedanke jetzt in eine andere Richtung gewendet worden. Konsum wird zum Kult, zur Religion, wobei der Gott das Produkt ist. Von einer solchen Möglichkeit hat schon das Alte Testament berichtet und vom Tanz um das Goldene Kalb erzählt. Damit war die Warnung verbunden, der Mensch könne seine Seele verlieren, wenn er sich allzu sehr den irdischen Genüssen verschreibe und darüber die Weisungen Gottes vergesse. Der Markenkult von Bosshart und Bolz zielt auf eben dieses, auch wenn sie es anders ausdrücken. Denn der Clou ihrer Überlegungen besteht in folgendem: Es genüge nicht, lediglich Kultmarken zu kreieren, auch das Publikum bedürfe der Veränderung. Es müsse in der Lage sein, sich stets neu auf wechselnde Kulte einzustellen, und dazu bedürfe es der Flexibilität. „Multiple Persönlichkeit" nennen sie das Konglomerat von Eigenschaften, aus dem sich nun die Konsumenten zusammensetzen sollen. Der harte Kern der Person, also ihre Überzeugungen, Werte und Haltungen, soll verflüssigt werden, damit sie jederzeit die Angebote wahrnehmen kann, ohne lange danach zu fragen, ob diese Angebote auch wirklich zu ihr passen. Alles, was sie daran hindern könnte, der jeweiligen Verführung zu folgen, soll ausgeschieden werden.

Der Mensch als Konsummaschine: Kein religiöser Eiferer hätte die Gefahren der Orientierung am Materiellen dramatischer an die Wand malen können als die Propagandisten Bolz und Bosshart. „Woran du dein Herz hängst, das ist dein Gott.", heißt es bei Luther. Die Botschaft von Bolz und Bosshart lautet, daß der Einzelne viele Herzen brauche, um sie an möglichst viele Produkte hängen zu können und in der Jagd nach neuen Sensationen völlig aufzugehen. Nun wäre es allerdings ungerecht, zwei Autoren nur deswegen anzugreifen, weil sie ein zynisches Menschenbild entwerfen. Denn wenn sie damit Recht hätten, also ihre Beschreibung zuträfe, müßte man die Verhältnisse beklagen, aber nicht die

Autoren, die sie beschreiben. Sind die Menschen also wirklich so, beziehungsweise lassen sie sich in der Weise beeinflussen, wie Bolz und Bosshart den Marketingstrategen nahelegen?

Justierung des Ich

Die Shell Jugendstudie von 1997 malt ein anderes Bild von der Jugend. Zwar will sie konsumieren, orientiert sich an Markenprodukten, mit denen sie ein bestimmtes Selbstbild verbindet, aber darin geht sie nicht auf. Der Soziologe Ulrich Beck erzählt triumphierend, wie die Feldforscher hartnäckig nach jenem Prototyp des Jugendlichen gefahndet hätten, der dem Bild entspreche, das frustrierte Erwachsene, eine wenig nachdenkliche Presse und leichtsinnige Autoren malen: Egozentrisch, konsumbesessen und verantwortungslos. Diesen Jugendlichen haben sie nicht gefunden, sondern entdeckten vielmehr, daß auf eine sehr subtile Weise die Sorge um die Mitwelt in den Seelen der Jugendlichen mitschwingt. In ihnen ist das lebendig, von dem Hans Jonas sagte, im Menschen gebe es „etwas, das ansprechbar ist".

Es ist natürlich schwierig, empirisch zu prüfen, ob sich jemand wirklich für seine Umwelt interessiert oder nur so tut. Schließlich kennen wir die Verantwortungsrhetorik der Politiker, die Umwelt und Zukunft sagen, wenn sie Wählerstimmen meinen. Aber man kann Jugendliche danach fragen, was sie sich von der Zukunft erhoffen und wie sie ihr Leben gestalten wollen. Und da zeigt sich, daß sie in ihren Werten eher konservativer sind als ihre Elterngeneration. Sie sehnen sich nach fester Partnerschaft und entsprechend ist Treue für sie von hoher Bedeutung. Und sie möchten sich für die Umwelt engagieren. Greenpeace ist daher für sie die attraktivste Organisation, die sie kennen und in der sie am liebsten arbeiten würden.

Die Warenwelt, die – glaubt man Bolz und Bosshart – die Welt der Religion beerbt hat, strahlt nicht jene Verführungskraft aus, die die Verantwortung des Einzelnen eliminiert. Religiöser und säkularer Verführungskraft widersteht eigentümlicherweise derjenige, der seine Verantwortung an das eigene Lebensinteresse knüpft. Flucht ins Jenseits oder in den Konsumrausch mit wechselnden, unklaren Identitäten ist kein Programm für Menschen, die erst noch werden wollen, was sie sind, und ihren Kern erst im

Widerspruch zwischen radikaler Weltverneinung und rauschhafter Weltbejahung entfalten. Das Ich muß immer wieder neu justiert werden, um Positionen wahrnehmen zu können, die die nötige Distanz zu säkularen oder religiösen Forderungen ermöglichen, um die Nähe der eigenen Gestaltungsmöglichkeiten auszutasten. Darin besteht der Balanceakt, der schon mißlungen ist, wenn das Ich der Verführung erliegt.

Rational Choice

Die neue Religion des Egoismus

Wie sich das Ich justiert, ist eine Frage, die nicht nur die Psychologen beschäftigt. Vielmehr wollen auch die Soziologen wissen, nach welchen Prinzipien der Einzelne seine Entscheidungen trifft. Der Grund für diese Neugier liegt nicht nur in dem Bestreben, die Gesellschaft möglichst exakt zu beschreiben. Vielmehr würde eine genaue und vor allem zutreffende Entscheidungstheorie die Möglichkeit eröffnen, Vorhersagen zu machen und Wege aufzuzeigen, wie sich Menschen manipulieren lassen.

In den vergangenen Jahren hat sich in der Soziologie eine Strömung herausgebildet, die möglicherweise zur Hauptrichtung werden könnte: die Rational-Choice-Theory. Deren Grundannahme ist ebenso einfach wie elegant. Sie stellt den Menschen als einen „rationalen Egoisten" vor. Der Mensch handelt demnach stets so, wie es seinem Interesse förderlich ist. Er hat also stets sein eigenes Wohl im Auge, auch wenn er scheinbar uneigennützig handelt. Denn er tut nur das, was ihm subjektiv einen Gewinn bringt, und der kann auch darin liegen, sich das Gefühl zu vermitteln, ein guter Mensch zu sein.

Diese Überlegungen wären trivial, wenn sie nicht gegen einen zentralen Punkt abendländischen Denkens gerichtet wären: Vernunft und Aufklärung, Appell und Ermahnung bewirken nach dieser Theorie wenig bis nichts. Denn das Interesse ist allemal stärker als Einsicht, und die besten Vorsätze halten nur so lange vor, wie sie nicht mit Vorteilen kollidieren, die sich der Einzelne mehr oder weniger ungesehen verschaffen kann. Der Mensch ist blind für das Ganze, aber äußerst hellsichtig, wenn es darum geht, sich selbst gut zu plazieren. Der Witz an diesen Überlegungen besteht allerdings auch darin, daß diese Hellsichtigkeit keineswegs mit bewußtem Handeln gleichgesetzt werden darf. Vielmehr handeln die Menschen oft ganz unbewußt nach ihren unmittelbaren Interessen, und erst der soziologische Blick enthüllt die „Vernunft", die hinter den spontanen Lebensäußerungen steht.

So kann es Umweltschützer zur Verzweiflung treiben, daß einzelne Menschen immer noch Glasflaschen in den Hausmüll werfen, obwohl es doch besondere Container dafür gibt. Und andere weigern sich beharrlich, die Angebote des öffentlichen Nahverkehrs zu nutzen. In beiden Fällen würden Rational-Choice-Theoretiker argumentieren, daß hinter diesem Verhalten durchaus Rationalität stecke, denn der Glascontainer sei vielleicht zu umständlich zu erreichen und der öffentliche Nahverkehr unzureichend. Die „höhere Vernunft" der einzelnen egoistischen Handlung liege entsprechend darin, daß sie zur Verbesserung dieser Angebote veranlasse, sofern das getrennte Müllsammeln oder der Verzicht auf das Auto überhaupt sinnvoll sei. Die „rationalen Egoisten" veranstalten also mit ihrem Verhalten permanente Abstimmungen, auf die Politik und Wirtschaft zu reagieren haben. Ihre Verantwortungslosigkeit entpuppt sich bei genauerem Hinsehen als eine Aufforderung, die Verhältnisse so zu gestalten, daß der einzelne das Wünschbare tun kann, ohne Opfer zu bringen, die sein Eigeninteresse übersteigen.

Die Ehe als Marktplatz

Eine der provozierendsten Thesen zum Verhalten stammt von dem amerikanischen Ökonomen und Nobelpreisträger (1992) Gary Becker. Er hat sich mit der Stabilität von Ehen befaßt und nach dem Kitt gesucht, der sie zusammenhält. Daß er nicht im Versprechen lebenslanger Treue bestehen könne, setzte Becker dabei stillschweigend ebenso voraus wie andere, die sich mit der Tatsache hoher Scheidungsraten beschäftigen. Und da Gefühle schwankend sind, bieten sie eher eine unsichere Basis für eine dauerhafte Verbindung. Auch Konventionen spielen keine ausschlaggebende Rolle mehr, denn heutzutage, da die Scheidung alltäglich geworden ist, fehlt eine gesellschaftliche Ächtung, die noch in der ersten Hälfte dieses Jahrhunderts dazu geführt hat, das offizielle Auseinandergehen als allerletzte Möglichkeit zu betrachten. Mit dem Blick des Ökonomen machte Becker nun Gewinn- und Verlustrechnungen von Ehepartnern auf. Da läßt sich einiges bilanzieren: Geborgenheit in der Beziehung, ökonomische

Vorteile, Anerkennung, Verhaltenssicherheit. Negativposten wären Spannungen mit dem Lebenspartner, Langeweile, das Gefühl, zu wenig Freiheit zu haben oder ausgenutzt zu werden. Die Liste der Vor- und Nachteile, der Gewinne und Verluste ist so lang, wie die Erfahrungen der einzelnen Paare reichen. Beckers These besagt nun, daß jeder Ehepartner seine eigene Bilanz aufmache und die Ehe aufkündige, wenn er in die roten Zahlen komme.

Man kann das auch ein ökonomisches Modell der Ehe nennen. Dabei ist mit Gewinnen und Verlusten nicht Geld gemeint, sondern es spielen alle jene Faktoren eine Rolle, die das Lebensgefühl eines Menschen heben oder senken können. Die Pointe an Beckers Aussage besteht nun darin, daß sich auch in einer lang andauernden Ehe die Partner wie „rationale Egoisten" verhalten, die ihre Bilanzen fortschreiben. Es findet also kein Verschmelzungsprozeß statt, der die individuelle Buchhaltung außer Kraft setzte. Und außerdem, so legt diese Theorie nahe, kann der Mensch gar nicht anders, als buchhalterisch die Konsequenzen zu ziehen. Denn es steht ihm zwar frei, Verluste schönzureden, für sich persönlich umzudeuten, aber wenn dieser Umdeutungsprozeß nicht mehr funktioniert, muß er gehen. Hindern könnte ihn an diesem Entschluß nur die Angst vor dem Risiko des Unbekannten, dann aber ist für ihn subjektiv der Gewinn der Ehe eben doch noch größer als die Belastung.

Schockierend an Beckers Ansatz ist, daß der Mensch als vollständig berechenbares Wesen erscheint. Das Gewissen und die Fähigkeit, Verantwortung zu übernehmen, werden auf Module reduziert, die letzten Endes nur Einflüsse verarbeiten, die mit mathematisch beschreibbarer Notwendigkeit die gesamte Einheit Mensch in vorgegebene Richtungen steuern. Diese Theorie ist durch und durch materialistisch. Der deutsche Soziologe Hartmut Esser sieht hierin keinen Nachteil. Er selbst bezeichnet die von ihm bevorzugte und propagierte „Rational-Choice-Theory" als „paläomarxistisch". Genau wie Marx betont Esser, daß das Sein das Bewußtsein bestimme. Alle Güter auf dieser Welt seien knapp, und der Mensch sei daher gezwungen, seine Vorteile zu suchen, weil er sonst untergehe.

Nun spricht die Tatsache, daß sich eine Theorie im Umfeld des Materialismus und des Marxismus definiert, nicht gegen sie. Ganz im Gegenteil könnte es in Zeiten des monomanischen Casinokapitalismus außerordentlich attraktiv sein, wieder an marxistische Traditionen anzuknüpfen, denn die Religion des reinen Geldes bringt Glück eben nur über wenige Auserwählte. Doch soll man nicht von einem Extrem ins nächste fallen. Materialistische Theorien haben zudem den Vorteil großer Plausibilität. Aber man darf nicht vergessen, daß sie ihre Versprechen nicht eingelöst haben. Die zweite Aufklärung des Marxismus im politisch-ökonomischen Sinne wurde nicht erreicht. Gerade ein marxistisch geschulter Denker würde diesen empirischen Befund kritisch an die Theorie halten, denn offensichtlich hat sie selber Fehler oder wurde zumindest fehlerhaft angewendet.

Ganz ähnlich wie der Marxismus hat die Rational-Choice-Theory ein hohes Erklärungspotential, wobei die Tatsache ihrer schockierenden Schonungslosigkeit in der Beschreibung des Egoismus eher für sie als gegen sie spricht. Denn wenn man verantwortlich über Verantwortung nachdenken will, ist es allemal gut, sich vor Illusionen über Motive zu hüten. Allzu leicht kommt etwas als Verantwortung daher, was sich bei genauerer Betrachtung als raffinierte Strategie zur Verfolgung des Eigennutzes entpuppt. „Rational-choice" kann in diesem Zusammenhang auch heißen, daß die scheinbare Uneigennützigkeit solider fundiert ist, als es auf den ersten Blick erscheint, weil sie in vitalen Lebensinteressen wurzelt. Die Nutznießer verantwortlichen Handelns hätten dann immerhin den Vorteil, daß ihre Gönner berechenbar sind und ihre Positionen nicht von Situation zu Situation verändern.

Weltverbesserung durch Fernsehen?

In diesem Zusammenhang gibt es ein beeindruckendes Beispiel. Man kann nach der Behandlung von Kriegsgefangenen fragen, womit zentrale Themen der Menschenrechte angesprochen sind. Nach der Haager Landkriegsordnung von 1907 und dem Genfer Verwundeten- und Kriegsgefangenen-Abkommen von 1929 (aufgenommen in die vier Genfer Abkommen von 1949) haben Kriegsgefangene Anspruch auf körperliche und geistige Unversehrtheit, medizinische Versorgung, angemessene Unterbringung, Kleidung und Ernährung. Wie gravierend diese Vorschriften für siegreiche Truppen sein können, zeigt sich daran, daß die amerikanische Führung sich nach dem Sieg über Hitlerdeutschland weigerte, die unterlegenen deutschen Truppen überhaupt als Kombattanten anzuerkennen, um ihnen nicht den Status von Kriegsgefangenen geben zu müssen. Denn dann hätten die deutschen Soldaten nach den Maßstäben der Genfer Konvention nicht einfach auf umzäunten Wiesen und Feldern ohne ausreichende sanitäre, medizinische Versorgung und natürlich ohne genügend Nahrung gehalten werden dürfen, was viele von ihnen nicht überlebten. Dies ist ein finsteres Kapitel, über das lange Zeit geschwiegen wurde, denn die schuldbeladenen Deutschen konnten sich gegenüber ihren Befreiern schlecht als Ankläger aufspielen.

Sicherlich hat Rache bei dieser unmenschlichen Behandlung eine Rolle gespielt. Was aber hindert Sieger daran, ihren Rachegefühlen freien Lauf zu lassen, wofür das Beispiel der Amerikaner lediglich zeigt, daß dies auch in den zivilisiertesten Gesellschaften vorkommen kann? Der Schweizer Ökonom Bruno S. Frey beantwortet diese Frage ganz einfach. Er sagt, Kriegsgefangene würden dann gut behandelt, wenn sie in den Augen der Sieger etwas wert seien. Denn dann können die Sieger etwas gegen die Gefangenen eintauschen, sei es bei den Verhandlungen um einen Friedensvertrag oder sei es Unterstützung durch die Weltöffentlichkeit, die sich bekanntlich gern jenen Parteien zuwendet, die sie für ethisch hochstehend halten.

Wer nichts wert ist, wird schlecht behandelt, wer etwas wert ist, darf auf pfleglichen Umgang hoffen. Präziser und eleganter könnte eine Beschreibung kaum sein, und sie hat zudem noch einen weiteren Vorteil. Sie macht deutlich, daß die Medien eine zentrale Rolle in der Wahrnehmung von Verantwortung spielen, indem sie eine Wächterfunktion ausüben. Sie sind bezahlte Wächter, denn sie leben von der Öffentlichkeit, die sie beschäftigt. Und es sieht so aus, als würde damit eine sukzessive Weltverbesserung einhergehen. Denn je mehr die Öffentlichkeit informiert wird, desto höher steigt der Wert der Menschen, die von den Medien zu Prüfsteinen dafür gemacht werden, wie es die diversen Regimes mit den Menschenrechten halten.

Viel wird darüber geklagt, daß die Medien letzten Endes nur den Voyeurismus des Publikums bedienen würden. Und man könnte hinzufügen, daß auch die Journalisten keineswegs immer den edelsten Motiven folgen. Der eine will unbedingt Karriere machen, der andere ist süchtig nach Sensationen und wird Kriegsberichterstatter. Und der Dritte versprüht öffentlich pausenlos Moralin, um vielleicht auch sich selbst davon abzulenken, daß er in seinem innersten Kern feige, opportunistisch und bequem ist. Nach der Rational-Choice-Theory aber spielt für die Wirkung der Medien weder die Motivation des Publikums, noch die ihrer Betreiber und Macher irgendeine Rolle. Denn die Welt wird besser, indem das Publikum schaut, indem es teilnimmt und dadurch Dingen wie der Umwelt, bedrohten Lebewesen oder eben auch Dissidenten oder verfolgten Gruppen einen Wert verleiht, die sie in der Anonymität des Nicht-Gesehen-Werdens niemals hätten.

Dieser Mechanismus ist bereits von Adam Smith, dem Begründer der modernen Volkswirtschaft, beschrieben worden. Ihm ging es bei seiner Betrachtung noch nicht um Informationsmedien, sondern um das tägliche Brot, was für die durch Hungersnöte bedrohten Menschen des 18. Jahrhunderts naheliegend war. Nicht Altruismus oder Philanthropie werde eine zureichende Versorgung gewährleisten, sondern der Egoismus aller Produzenten. Denn sie hätten ein Interesse daran, ihren Lebensunterhalt mit der Produktion oder dem Vertrieb von Gütern und Nahrungsmitteln zu sichern. Wenn sie ungehindert ihrem Eigeninteresse nachgehen könnten, sorgten sie ganz von selbst dafür, daß sich der Markt mit Gütern fülle. Der Egoismus verwandelt sich also in den Augen Adam Smiths über den Marktmechanismus hinter dem Rücken der Beteiligten in einen ursprünglich gar nicht intendierten Altruismus.

Die Kunst, seinem Gewissen zu folgen, wird gar nicht mehr nachgefragt, sie wird ebenso wenig gebraucht wie die Kunstfertigkeit des alten Handwerks, das durch standardisierte Massenproduktion abgelöst worden ist. Adam Smiths Theorie von der „unsichtbaren Hand", die die Aktivitäten aller am Markt Beteiligten auf ein Optimum hin bündelt, und der Gedanke der Rational-Choice-Theory, daß der Einzelne gar nicht anders könne – und auch gar nicht solle –, als seinem eigenen Interesse zu folgen, sind typisch für die Moderne. Denn das bewußte oder unbewußte Ziel praktischer und theoretischer Bestrebungen liegt in der Abschaffung des Menschen. Wir sehen dies heute in der Technik, die den Menschen zunehmend aus dem produktiven Sektor verdrängt hat. Aber auch der Marxismus wollte den Menschen insofern abschaffen, als er die gesellschaftlichen Verhältnisse als ausschlaggebend für die Entwicklung des Einzelnen ansah. Die Gesellschaft wurde wie eine komplizierte Maschine gesehen, die durch Einzelne gar nicht zu steuern ist. Nur in kollektiven Anstrengungen waren im dialektisch-materialistischen Denken Veränderungen vorstellbar, und die konnten auf den Einzelnen keine Rücksicht nehmen. „Wer auch immer dem Kommunismus beitrat, mußte mit dem leninistischen Grundsatz einverstanden sein, daß man kein Omelett zubereiten kann, ohne Eier zu zerschlagen", resümiert der Pole Aleksander Wat.

„Du bist nichts, Dein Volk ist alles", lautete eine Parole im nationalsozialistischen Deutschland. Der Gedanke der Rasse und des Blutes ersetzte den von der Würde der einzelnen Person. Hinter dieser Auffassung steckten biologistische Theorien des 19. Jahrhunderts, nach denen das Individuum lediglich Ausdruck einer Rasse ist. Die wahre Wirklichkeit befindet sich demnach hinter dem Rücken des Einzelnen. In der Gegenwart ist dieser Gedanke wieder aufgetaucht, indem der Evolutionstheoretiker Richard Dawkins lehrte, daß der Einzelne lediglich das Vehikel sei, mit dem seine Gene spazierenführen. Und wer das Gefährt letztlich steuert, ist für Dawkins klar: Der Egoismus der Gene, die auf optimale Reproduktion aus sind. Der Einzelne ist also immer schon von seiner Erbmasse funktionalisiert worden.

Die Rational-Choice-Theory unterscheidet sich vom Marxismus und dem Nationalsozialismus dadurch, daß sie keine totalitären Ansprüche erhebt. Sie ist urdemokratisch, indem sie den Einzelnen dazu ermuntert, seinen Interessen zu folgen. Doch folgt sie darin dem modernen Trend, das Individuum zu neutralisieren, daß sie dem Einzelnen unterstellt, lediglich nach berechenbaren Interessen zu handeln. Diese Unterstellung bereitet den Rational-Choice-Theoretikern allerdings einige Mühe. Denn nicht alles Verhalten läßt sich als Ausdruck der Eigensucht deuten, und so sind sie gezwungen, ihren Erklärungsnotstand mit dem Begriff der „Anomalie" zuzudecken. Anomalien sind für sie jene Verhaltensweisen, die im Rahmen ihrer Theorie als unlogisch erscheinen, weil sie nicht der Eigensucht dienen. So ist es nach der Rational-Choice-Theory nicht plausibel, daß Bürgerinnen und Bürger zur Wahl gehen. Denn jeder einzelne Bürger kann sich ausrechnen, daß seine Stimme so gut wie gar nicht ins Gewicht fällt, seine Mühe aber, zum Wahllokal zu gehen, für ihn selbst durchaus relevant ist. Die Uneigennützigkeit eines nach wie vor großen Teils der Bevölkerung liefert den Gegnern der Rational-Choice-Theory eines der wichtigsten Gegenargumente.

Terror und Ökonomie

Sicher ließe sich auch hier wieder argumentieren, daß es eben subjektiv befriedigend sei, das Gefühl zu haben, an einer öffentlichen Entscheidung mitzuwirken, und sei der eigene Anteil daran auch noch so klein. Oder es läßt sich vermuten, daß hier ein Gemeinschaftsgefühl aufkommt, wenn man etwa zu einer siegreichen Wählergruppe gehört. Argumente lassen sich immer finden, aber es stellt sich die Frage, ob sie den Kern eines Problems treffen. Und da sind in diesem Falle Zweifel erlaubt. Denn der Kern des Problems besteht in der Frage, ob der Mensch schon hinreichend verstanden worden ist, wenn man ihn auf ein Wesen reduziert, das reflexartig immer nur eigensüchtigen Antrieben folgt. Auf die Gesellschaft gewendet lautet die Frage, ob man diese zutreffend deutet, wenn man annimmt, daß sie wie ein großer Markt funktioniert. Daß sich also jedes Eigeninteresse, sofern es nicht krankhaft oder destruktiv ist, sich über die Mechanismen des Ausgleichs von Angebot und Nachfrage von selbst in das Gemeinwohl einfügt. Jeder würde demnach dem Interesse des Ganzen am besten dienen, indem er mit gutem Gewissen seinen eigenen Interessen folgt.

Der Gedanke, der hinter dieser Annahme steht, hat starke Argumente für sich. Denn wenn jemand für sich beansprucht, für das Ganze der Gesellschaft oder auch nur für bestimmte Ziele wie zum Beispiel dem Umweltschutz „verantwortlich" zu sein, dann gerät er schnell in die Situation, sich für klüger zu halten als die meisten seiner Mitmenschen. Er zählt sich dann zu einer Avantgarde, deren Bestreben es sein muß, anderen ihre Einsichten aufzuzwingen. Nach den Erfahrungen mit totalitären Regimes wirkt dagegen das Marktmodell ungleich attraktiver. Denn da die menschliche Einsicht immer unsicher ist, scheint die kollektive Vernunft wenigstens den Vorteil zu haben, die Fehler der Bewertungen einzelner auszugleichen. Und der Markt hat den großen Vorteil, daß auf ihm permanente Abstimmungen stattfinden und sich nur das durchsetzen kann, was sich auch mehrheitlich durchsetzt. Wie der

aus Rumänien stammende und jetzt in den USA lebende Schrift-
steller Norman Manea kürzlich gesagt hat, brauche die Gesellschaft eine Zensur, um nicht in der Vielzahl von Äußerungen und
Ideen zu ertrinken. Ganz abgesehen davon, daß es auch schädli-
che Gedanken gibt. Es sei, so Manea, für einen Intellektuellen
schwer zu akzeptieren, daß heutzutage der Markt der große Zen-
sor sei, aber der sei allemal akzeptabler als eine Behörde.

Aber kann man dem Markt tatsächlich die Verantwortung für
die Gesellschaft überlassen? Stellt er tatsächlich das Optimum ge-
sellschaftlicher Vernunft her? Die Gesellschaften glauben das selber nicht, denn sie überlassen es dem Staat, dort Ausgleich zu
schaffen, wo der Markt allein nicht dafür sorgen kann, daß für
Kinder Schulen und für Studenten Universitäten bereitgestellt,
Alte und Kranke versorgt und soziale Not gelindert wird. Und
selbst in die Wirtschaft greift der Staat mit Subventionen ein, und
Theater und Opern kämen ohne die Förderung der Öffentlichen
Hand nicht zurecht, denn die „unsichtbare Hand" des Marktes
würde sie allzu kurz halten, wenn sie nicht ganz auf die Befriedi-
gung des Massengeschmacks abzielten. Man könnte auch dieses
als „Anomalien" bezeichnen, und manche Marktgläubige tun das
auch, um in thatcheristischer Manier ein gesellschaftliches Klima
zu schaffen, in dem die Stärksten gedeihen und die Schwächeren
von ihren früheren Plätzen verstoßen werden und nur noch ein
Schattendasein fristen.

Vieles kann der Markt regeln, aber eines kann er nicht: Verantwortung übernehmen. Der Markt ist ein Mechanismus, er reagiert
auf Angebot und Nachfrage, aber er setzt keine Ziele. Wenn, wie
Bruno S. Frey ausführt, Kriegsgefangene besser behandelt werden, solange sie in den Augen ihrer Bezwinger einen Wert darstellen und dieser Wert eben auch durch die kommerziellen Medien
mit ihrer Mobilisierung der Öffentlichkeit gesteigert wird, dann
ist das eine Nebenfolge des Marktgeschehens, nicht das Ziel.
Denn die Medien würden auch dann berichten, wenn ihre Meldungen gar keinen oder sogar einen schädlichen Einfluß auf das
Schicksal unterdrückter Menschen hätte, denn in erster Linie
zählt für sie der Verkauf ihrer Geschichten. In Ausnahmefällen
können sie aus Gründen der Verantwortung auf gewisse Meldungen verzichten, aber dieser Vorgang müßte wieder dem Bereich
der Anomalien zugerechnet werden. Denn sonst müßte man ver-

antwortungsvolle Zurückhaltung aus dem Marktgeschehen ableiten und erklären, wer denn für Meldungen, Reportagen und Bilder bezahlt, die zurückgehalten werden.

Nun ist das Thema der Menschenrechte auch in politischer Hinsicht umstritten. Die Interessen einzelner Staaten verbieten es in manchen Fällen, auf andere, die die Menschenrechte verletzten, Druck auszuüben. Deshalb, so ließe sich einwenden, sollte man nun nicht dem Markt etwas aufbürden, was selbst die Politik kaum bewältigt. Und wenn man das Problem der Verantwortung nicht überdehnt, dann läßt sich kaum bestreiten, daß die kommerziellen Medien einen positiven Einfluß auf ein öffentliches Verantwortungsbewußtsein haben. Schließlich fördern sie das Bewußtsein von der Zusammengehörigkeit der Welt, und wenn sich heutzutage in entfernten Winkeln der Erde Katastrophen zutragen, dann ist die internationale Hilfsbereitschaft oft erstaunlich groß. Selbst so schwer nachvollziehbare Vorgänge wie die Fehden zwischen Hutu und Tutsi in Ruanda im Jahre 1994 und in der Folge erneute Massaker in den Flüchtlingslagern Zaires gehen den Menschen nahe. Allein die Caritas International hat nach entsprechenden Hilfsaufrufen für Zaire in kurzer Zeit zehn Millionen Mark auf ihren Konten verbuchen können.

Wenn man aber wissen will, ob der Markt mit seiner Austarierung des individuellen Egoismus hinter dem Rücken der Beteiligten eine höhere kollektive Verantwortung gewährleistet, als es durch bewußtes und geplantes Handeln einzelner Gruppen oder politischer Parteien geschieht, ist es sinnvoll, eine etwas weniger grundsätzliche und heikle Frage wie die nach den Menschenrechten zu untersuchen. Verantwortung setzt schließlich im Alltag an, und bei den alltäglichen Abläufen spielen die Zuverlässigkeit und die Sicherheit der Geräte, Maschinen oder Verkehrsmittel eine herausragende Rolle. Und da läßt sich kurz und bündig sagen: Es wird immer den Konflikt geben, daß unsinnige oder gefährliche Dinge auf den Markt kommen, nur weil ihre Entwicklungskosten wieder eingespielt werden müssen. Umgekehrt aber gibt es kein besseres Mittel als den Markt, um Produkte mit Mängeln zu eliminieren. „Stiftung Warentest" und andere Verbraucherorganisationen definieren die Anforderungen an Produkte und untersuchen diese daraufhin, ob sie halten, was ihre Hersteller und Vertreiber versprochen haben. Wenn dies nicht der Fall ist und durch die

Tester bekannt gemacht wird, sinkt in der Regel die Nachfrage. Auf diese Weise führt der Markt zu einer ständigen Verbesserung aller Produkte, sofern sich die Akteure rational und marktkonform verhalten.

Das Gewissen der Intellektuellen

Warum, so ließe sich fragen, sollte das nicht auch für die Politik gelten? Denn man kann die Arena der politischen Auseinandersetzungen ebenfalls als Markt betrachten, zumal da Politiker und Parteien in der Regel handfeste finanzielle Interessen verfolgen. Tatsächlich hat der amerikanische Soziologe Paul F. Lazarsfeld schon in den 20er Jahren mit der Hypothese gearbeitet, daß Wählerinnen und Wähler ihre Parteien und Kandidaten nach ähnlichen Kriterien aussuchen wie ihr Waschpulver oder ihre Automarke. Nicht das politische Argument eines Kandidaten, nicht das Programm einer Partei sind demnach für die Wahlentscheidung ausschlaggebend, sondern die Assoziationen, die Stimmungen, die Gefühle, die angesprochen werden. Der Wahlakt wäre demnach nicht mehr oder weniger rational als eine Kaufentscheidung, und wenn man insbesondere die amerikanischen Wahlkämpfe auf sich wirken läßt, gewinnt man den Eindruck, daß die Politiker alles dafür tun, um die Hypothese des berühmten Soziologen zu bestätigen.

Rational-Choice-Theoretikern und den Hohenpriestern der reinen Marktwirtschaft kommt eine solche Kommerzialisierung des Politischen nur zu gelegen, denn wenn ihre Theorie richtig sein soll, darf es keinen Bereich geben, der vom Markt nicht geregelt wird. Diese Totalität mag erstaunen, doch liegt sie in der Logik der Theorie von den „rationalen Egoisten", die ihre Interessen untereinander über Angebot und Nachfrage frei austauschen. Wäre es anders, müßte man erklären, warum der Mensch in einigen Bereichen egoistisch handelt und in anderen nicht. Und man müßte klarstellen, warum die menschliche Motivation Unterschiede macht und hier ungeniert dem Egoismus frönt, dort aber nicht. Das ist theoretisch unelegant.

Und es scheint auch gar keine Notwendigkeit dafür zu geben, allzu intensiv nach den Ausnahmen für den Egoismus zu suchen, denn die Erfahrung zeigt schließlich, daß der Markt sich immer mehr Lebensbereiche unterwirft. Die wirtschaftliche Effizienzkontrolle erreicht nun auch die Universitäten, und wer in der heutigen Gesellschaft ernst genommen werden will, muß Zahlen vorweisen. „Alles soll der Markt regeln", sagt die Soziologin und Wissenschaftshistorikerin Helga Nowotny. Man könne, so fährt sie fort, heutzutage alles sagen, schreiben und darstellen, sofern man nicht gegen Strafgesetze verstößt. Der Erfolg auf dem Markt entscheidet letzten Endes darüber, über welche Ideen, Theorien oder Visionen gesprochen wird und über welche nicht. Andere Foren, andere Instanzen als die vom Markt kontrollierten Medien gibt es nicht mehr, und Helga Nowotny stellt fest: „Wir haben keine Intellektuellen mehr."

Intellektuelle sind das Gewissen einer Gesellschaft. Der Begriff „Intellektueller" entstand im Zuge der Dreyfus-Affäre in Frankreich. Ein Komplott und ein entsprechend ungerechtes Justizurteil gegen den jüdischen Offizier Dreyfus hatte den berühmten Romancier Émile Zola zu seiner im Jahre 1898 in der von Georges Clemenceau herausgegebenen Zeitung *L'Aurore* veröffentlichten Streitschrift „J'accuse", „Ich klage an", provoziert. Dieses „J'accuse" stellte Frankreich vor eine Zerreißprobe, und bis heute sind die Gefühle, die damals aufgerührt wurden, lebendig. „J'accuse" – auf einem Markt würde sich jemand mit einem solchen Gestus lächerlich machen. Denn man kann keine Produkte anklagen, es sei denn, man verfüge über die Darstellungsgabe des amerikanischen Verbraucherschützers Ralf Nader. Der hat mit seinen Kampagnen gegen starre und damit lebensgefährliche Lenksäulen in amerikanischen Autos nicht nur großes Aufsehen erregt, sondern erste Schritte in Richtung systematischer Produktverbesserung und vor allem: Produkthaftung getan. Aber das ist etwas völlig anderes als die Anklage eines Émile Zola. Denn der stellte, wenn dieser Vergleich erlaubt ist, gleich den ganzen Markt mit seinen Regeln und Selbstverständlichkeiten in Frage. Da konnte nicht hier und da etwas verbessert werden, sondern das ganze politische System war in den Augen Zolas faul. Er prangerte mehr an als ein bautechnisches Detail, das die Konsumenten gefährdet.

Das ist kein marktkonformes Verhalten, keine Formulierung, die wie eine Werbebotschaft daherkommt. Da macht sich einer zum Gewissen der Gesellschaft und spricht Dinge aus, die weh tun. Das ist die Tradition derjenigen, die sich selbst zu den Intellektuellen zählen oder zu ihnen gerechnet werden. Sie blicken weiter und tiefer, und ihre Urteilsmaßstäbe sind andere als die der Mehrheit. Während die Ökonomen von der Überzeugung, der Markt sei und schaffe die beste aller möglichen Welten, zutiefst durchdrungen sind, haben die Intellektuellen ein anderes Lebensgefühl: Sie leben wie Fremdlinge in einer Welt, die sie mit Mißtrauen betrachten und von der sie nie erwarten würden, daß aus ihr etwas wirklich Gutes kommen könne. Deswegen erregen ihre Äußerungen Widerspruch, Wut und Haß, bis sie vom Bewußtsein der Mehrheit wie etwas Selbstverständliches aufgenommen worden sind. Wir kennen diesen Prozeß aus der deutschen Nachkriegsgeschichte mit den Studentenprotesten von 1968. Es brauchte keine zwanzig Jahre, bis wohlwollende Kommentatoren auch in konservativen Blättern ihren Lesern mitteilten, daß das damalige Aufbegehren für die politische Kultur insgesamt bereichernd gewesen sei. Und heute ist es schon ein Gemeinplatz, darauf hinzuweisen, daß im Adenauerstaat allzu viele Altnazis führende Positionen eingenommen hatten. Als die damaligen Studenten ihren Eltern, Lehrern und Professoren diese Tatsache um die Ohren hauten, begingen sie ein Sakrileg. „Keine Experimente" lautete damals ein Wahlslogan der CDU, die frühzeitig erkannt hatte, daß das Vertrauen auf die Kräfte des Marktes am meisten zur Beruhigung der durch den Krieg geschundenen Nerven beitragen würde.

Intellektuelle definieren sich dadurch, daß sie zu einer gegebenen Zeit nicht in die Schemata der politischen und kulturellen Hauptströmungen passen, und für den vielgepriesenen Markt nur ein Achselzucken übrig haben. Die Stimme des Gewissens meldet sich am vernehmlichsten nachts zwischen Wachen und Schlafen, wenn die anderen Stimmen verstummen. Entsprechend wirkt ein Intellektueller in einer Talkshow immer wie ein Bauer in der Großstadt, denn sein Territorium ist nicht der Markt beliebigster Äußerungen, die bloß unterhalten wollen, sondern die Stille der Nachdenklichkeit. Das Buch, dessen Lektüre Mühe macht und Zeit braucht, das Gespräch ohne Ende, die Mühe um der Sache willen.

Der Markt bietet das gerade nicht. In den Markt gibt man nur das, was sich auszahlt. Ein Buch mit hoher Auflage ist nach diesem Kriterium allemal besser als eins mit niedriger. Dabei zeichnen sich die besten Sachen oft gerade dadurch aus, daß nur wenige ihren

Wert erkennen. Das ist der beste Sinn des Wortes Exklusivität. Der Markt aber ist der große Gleichmacher, der alles so lange abschleift, bis es in die Verkaufsstrategien der Massenproduzenten paßt. Niemand wird heute ernsthaft behaupten wollen, daß *Der Spiegel* noch dasselbe kritische Denken verbreitet wie in seinen Anfangszeiten. Er bietet nur ein Beispiel für den Gang der Presse im allgemeinen, deren einzelne Produkte am Markt nur überleben können, wenn sie sich auch in hinreichend großen Zahlen verkaufen. Intellektuelle, die sich diesen Marktzwängen nicht anpassen können oder wollen, verschwinden buchstäblich von der Bildfläche. Entsprechend formulierte der Biochemiker und glänzende Essayist Erwin Chargaff: „Wir tappen im Stummen."

Nun kann man mit guten Gründen der Meinung sein, daß Intellektuelle auch sehr viel Schaden angerichtet haben und es daher gut sei, wenn sie vom Markt an die Kandare genommen werden. Das Votum von Norman Manea deutete dies an, als er sagte, Zensoren seien immer nötig, und der Markt sei anderen Zensoren vorzuziehen. Doch die Rational-Choice-Theory als Ideologie des Marktes enthält eine Unterstellung, die jedweden Anspruch des Gewissens von vornherein unterminiert. Diese Unterstellung besteht darin, daß der Egoismus die letztbestimmende Kraft des Menschen sei. Verantwortung kann demnach nur ein anderes Wort für die Verfolgung eines Eigeninteresses sein. Die andere Seite der Verantwortung, die Uneigennützigkeit zugunsten anderer Lebewesen, wird damit strikt verneint. Dadurch aber kann der Einzelne seine Verantwortung gar nicht mehr wahrnehmen, denn wenn alles Handeln auf die Verfolgung des Eigeninteresses reduziert wird, liegt im uneigennützigen Handeln etwas Irreales. „Träumer", „Spinner", „Fantasten" sind demnach all jene, denen ein weiter gestecktes Ziel wichtiger ist als die unmittelbare Behaglichkeit.

Von Bertold Brecht stammt der berühmte Satz: „Erst kommt das Fressen, dann kommt die Moral." Die Rational-Choice-Theoretiker glauben das auch und meinen, mit dem Markt eine wunderbare Futteranlage zu haben. Daran ist viel Richtiges, aber wer den Menschen auf seine materiellen Interessen reduziert, ist deswegen noch lange kein Realist. Und wer glaubt, daß der Mensch mehr ist als eine Freßmaschine, muß deswegen noch lange nicht ein Spinner sein.

Individualismus und Altruismus

An sich selbst denken und anderen helfen

Eine inzwischen alte Klage besteht darin, daß die Menschen immer stärker vereinzelten und sich daher nicht mehr umeinander kümmern würden. Jeder denke nur an sich, und von der Verantwortung für die Mitmenschen gehe immer mehr verloren. Auf den ersten Blick erscheint dieses Argument als logisch, und die Warnung des ehemaligen Bundesverfassungsrichters Helmut Simon, der im Jahre 1989 als Präsident des Evangelischen Kirchentages in Berlin von der „elenden Entsolidarisierung" sprach, trifft einen Nerv. Die hohen Scheidungsraten belegen den Zerfall der herkömmlichen Familien, und die wachsende Zahl der Menschen, die allein leben, drücken auch eine Not aus: Wer, wenn nicht du selbst, kann für dich sorgen? Theoretiker des Sozialstaates wiederum weisen darauf hin, daß sich die Menschen in einem langen Prozeß daran gewöhnt hätten, Sicherheit nicht in persönlichen Bindungen zu suchen, sondern in staatlich garantierter Versorgung. Und nicht ohne ätzenden Spott haben asiatische Politiker, allen voran Lee Kuan Yew aus Singapur, darauf hingewiesen, daß das westliche Wohlfahrtssystem mit seinen immensen Aufwendungen im Bereich der Sozialleistungen keineswegs zu einer Abnahme der Zahl gescheiterter Existenzen geführt habe. Stolz verweisen sie auf den Wert der Disziplinierung im Familienverband. Verantwortung, so kann man von ihnen hören, sei auf Zusammenhalt in überschaubaren Verbänden angewiesen. Nur so lasse sich vermeiden, daß der Einzelne anfange, seinen Vorteil zu suchen, indem er hemmungslos vom anonymen Topf staatlicher Zuwendungen profitiere.

Individualismus und Wertezerfall sind gemäß diesen Klagen zu Synonymen geworden. Denn wenn jeder nur an sich denkt, „sich selbst verwirklichen" will, dann kann dies nur auf Kosten der Mitmenschen gehen. Kinder wachsen nicht mehr in stabilen Familien auf, und der Boom der Kontaktanzeigen und Treffs verweist darauf, wie es auch den Erwachsenen in der sozialen Kälte fröstelt. Das scheint kein Klima zu sein, in dem jene Tugenden gedeihen, die auf Mitmenschlichkeit zielen. Denn der Einzelne findet nur jenen Halt, den er sich selber gibt.

Als Verfall kann diese Situation verstanden werden, weil sie ein Resultat der Aufklärung mit ihrer sogenannten Säkularisierung ist. Als „Ausgang des Menschen aus seiner selbstverschuldeten Unmündigkeit" charakterisierte Immanuel Kant die Aufklärung, aber die Stützen der alten Ordnung, vor allem der Ansprüche der Kirchen, sahen das anders. Der „Ausgang aus der selbstverschuldeten Unmündigkeit" war für sie nicht mehr als eine leichtsinnige Rebellion, die schon noch ihren Preis fordern würde. Und den Preis sehen sie eben in der existenziellen Verunsicherung der Menschen, die vom Arm der Kirche nicht mehr gehalten werden. Und wo der Einzelne unsicher ist, spürt er, wie nah ihm die eigene Haut ist und wie gleichgültig die Mitmenschen.

Außerdem habe, so wird gern ergänzt, in den letzten Jahrzehnten in Mitteleuropa ein Wertewandel stattgefunden. Der calvinistische Geist sei der Genußsucht gewichen. Im Ethos der Arbeitenden habe bis in die siebziger Jahre der calvinistische Gedanke nachgewirkt, daß die irdische Tüchtigkeit einen Hinweis auf die Erwählung durch Gott gebe – und man habe sich daher besonders angestrengt. Dann aber sei diese innerweltliche Askese dem Anspruch gewichen, hier und jetzt soviel zu genießen wie möglich und entsprechend weniger zu arbeiten. Gefördert worden sei diese Einstellung durch den Sozialstaat. Denn dieser habe den Einzelnen abgesichert und daher individualistische Ansprüche gefördert. Mit anderen Worten: Die Freiheit des Einzelnen wird von der Gemeinschaft finanziert, aber diese Absicherung ist eine Einbahnstraße.

Spontan neigt man dazu, hierin eine logische Entwicklung zu sehen und in das allgemeine Klagelied über die zunehmende Liederlichkeit einzustimmen. Aber was wird da eigentlich beklagt? Einmal wird behauptet, daß die zunehmende Haltlosigkeit in einer individualistischen Gesellschaft, in der jeder für sich selber sorgen müsse, die Verantwortung für den Mitmenschen aushöhle. Und dann wird das genaue Gegenteil behauptet, nämlich daß der Sozialstaat dem Einzelnen die Lebensrisiken abnehme und er deswegen einem individualistischen Hedonismus fröne, der ihn blind für die Sorgen seiner Mitmenschen mache. Wo aber zwei gegenläufige Argumente zum selben Ergebnis kommen, ist Vorsicht geboten.

Eine fremdartige Szenerie

Ausgerechnet ein Kritiker der französischen Revolution, Alexis de Tocqueville, hat in einem bis heute aktuellen Buch, „Über die Demokratie in Amerika", einen revolutionären Schluß gezogen: Die Demokratisierung müsse vorangetrieben werden. Ganz ähnlich wie Immanuel Kant, der geschrieben hatte, der Mensch müsse erst einmal in Freiheit gesetzt werden, um zu lernen, mit der Freiheit umzugehen, erkannte Tocqueville, daß der Weg zu mehr Freiheit einen Fortschritt darstellt und keinen Rückschritt. Er führt nicht in die Anarchie eigensüchtiger Interessen. In den Augen Tocquevilles, Kants und anderer moderner Denker bedingen Freiheit und Verantwortung einander, anstatt sich auszuschließen.

Für europäische Augen zeichnet sich in den USA eine völlig fremdartige Szenerie ab. Denn wir sind in unserem Denken noch viel stärker obrigkeitsstaatlich geprägt, als uns bewußt ist, und können deswegen den Individualismus Amerikas nicht ganz leicht nachvollziehen. Bei uns geht nahezu alle Hilfe vom Staat aus, während sie in den USA auf den Schultern der Einzelnen liegt. Der Soziologe Ralf Dahrendorf hat einmal errechnet, daß im Verhältnis zu jeder in Deutschland für philanthropische Zwecke gespendeten Mark in England zehn aufgebracht werden und in den USA einhundert. In England also wird von privater Hand zehnmal soviel geholfen wie in Deutschland, und in den USA ist es gleich einhundertmal soviel.

Diese erstaunliche Berechnung Dahrendorfs findet ihren Rückhalt in der amerikanischen Sozialstatistik und ihrer Auswertungen durch den Soziologen Robert Wuthnow. Demnach beteiligen sich 80 Millionen Amerikaner, also 45 Prozent der über 18jährigen, pro Woche mit mindestens fünf Arbeitsstunden an gemeinnütziger Arbeit. Von den insgesamt 20 Milliarden Stunden freiwillig geleisteter Arbeit entfallen ungefähr 15 Milliarden auf fest vereinbarte Verpflichtungen gegenüber Kirchen, Krankenhäusern, Obdachlosenasylen, genossenschaftlichen Einrichtungen, Bürgergruppen, gemeinnützigen Stiftungen, Rettungskommandos und der freiwilligen Feuerwehr Wuthnow schätzt, daß dies einem Gegenwert von 150 Milliarden Dollar pro Jahr entspricht.

Ein solches Bild paßt überhaupt nicht mit der Auffassung zusammen, daß der Individualismus bloß eine Ellenbogenmentalität fördere. Vielmehr ist das Gegenteil richtig: Wenn der Einzelne sich nicht, wie in Europa an den Staat anlehnen kann, der in absolutistischer Manier seine Untertanen mittels Wohltaten bei der Stange hält, dann ist er selber gefordert. Und da, wo der Einzelne gefordert ist, entdeckt er sehr schnell, daß die Übernahme von Verantwortung für die Mitmenschen Spaß macht. In Amerika kann man studieren, daß Verantwortung kein so abstraktes Gebilde der puren Selbstlosigkeit ist, wie man es in Europa vermutet. Vielmehr mischt sich in die Verantwortung für die Mitmenschen der Wunsch, sich selbst zu bestätigen, Kommunikation zu erfahren oder auch der Spaß am Umgang mit technischem Gerät.

Aber sind diese Beispiele wirklich Ausdruck dafür, daß die Menschen, die sich sozial engagieren, tatsächlich Individualisten sind? Daß ihre Selbstlosigkeit wirklich auf einer freien, individuell getroffenen Entscheidung beruht und nicht einfach auf einer Art von gedankenloser Konformität? Die große Hilfsbereitschaft könnte auch auf das Gegenteil von Freiheit und Individualismus hinweisen, nämlich auf Gruppendruck. Die Rational-Choice-Theoretiker beziehen eine solche Möglichkeit ausdrücklich in ihre Überlegungen ein, wenn sie betonen, daß Werte einer Stabilisierung durch Gruppen bedürfen. Hilfsbereitschaft kann also durch Gruppendruck zustandekommen und wäre dann alles andere als ein Zeichen großer innerer Selbständigkeit. Niemand vermag, in einen anderen Menschen hineinzuschauen und seine letzten Motive zu erkennen. Aber man kann ein paar Hinweise darauf finden, wie individualistisch jemand ist. Amerikanische Sozialwissenschaftler konkretisieren dazu den Begriff des Individualismus und fragen zum Beispiel danach, welche Wünsche für einen selbständigen Menschen typisch sind: Erfolg im Beruf, Wohlstand oder auch die Möglichkeit, jederzeit ganz nach eigenem Gutdünken in den Urlaub fahren zu können. Da zeigt sich, daß diejenigen, die überdurchschnittlich viel Zeit für die tätige Verantwortung aufwenden, in den Fragebögen die individuellen Wünsche besonders hoch bewerten.

Dieser Befund läßt sich nur so deuten, daß Hilfe als eine Form der Selbstentfaltung erlebt wird. Man wendet sich aus innerem Antrieb dem anderen zu. Der Mensch hält es mit sich allein nicht aus. Er hat eine natürliche Anlage zur Geselligkeit, wie frühere Philosophen formuliert haben. Aber er geht in der Geselligkeit nicht auf, wie alle Theoretiker und Praktiker sozialistischer oder kommunistischer Entwürfe erfahren haben. In dem Augenblick, in dem kollektive Verhaltensweisen verordnet werden, zieht sich der Einzelne geradezu instinktiv auf seine Interessen zurück. Vom Standpunkt der Verantwortung aus betrachtet, ist der Grund dafür nur zu offensichtlich: Täte der Einzelne das nicht, verlöre er sich in der Masse. Die Kunst, seinem Gewissen zu folgen, erfordert Abgrenzung, denn wer sich nicht abgrenzt, nimmt sich selbst nicht mehr wahr. Aber jeder kann sich eben auch in sich selbst verlieren, wenn die Kontakte zu den leibhaftigen Mitmenschen verdorren. Da droht eine innere Verwahrlosung, der nur im Austausch mit anderen gegengesteuert werden kann.

Die meisten Menschen kennen dieses Spannungsverhältnis zwischen der Angst vor der Einsamkeit und dem Mißbehagen, das zuviel Anpassung an Kollektive erzeugt. Viele Gespräche kreisen darum, daß man keine Lust hat, schon wieder Zeit mit Kollegen, Nachbarn, Vereinskameraden oder wem auch immer zu verbringen. Über Einsamkeit dagegen wird seltener geklagt, denn Einsamkeit kann etwas mit Versagen zu tun haben: Man wird nicht akzeptiert, benimmt sich falsch oder ist schlicht nicht attraktiv für die anderen. Erkennt man jedoch, daß Einsamkeit zu jedem denkenden Menschen dazugehört, dann zeigt sich, daß Verantwortung kein bloß negativer Begriff ist. Verantwortung wird nicht nur dann angemahnt, wenn das Gewissen zu etwas nein sagt, sondern Verantwortung ist ein kreativer Akt, der das Individuum erst hervorbringt. Oft wird ja gesagt, der Einzelne müsse lernen, Verantwortung für sein Leben zu übernehmen. Wenn damit nicht bloß vordergründige Regeln zur Erhaltung der Gesundheit gemeint sind, dann liegt hier genau der Appell, die Kunst zu lernen und zu üben, dem eigenen Gewissen zu folgen: Was ist gut für mich? Welche Ansprüche stellt der andere mit Recht an mich? Wo muß ich welche Grenzen ziehen? Wo muß ich lernen, mich zu überwinden? Wo muß ich verzichten, wo darf ich nicht verzichten?

Fragen dieser Art stellen sich jeden Tag. Sie sind der Kern jenes Individualismus, der in der modernen Welt entstanden ist. Kein Wunder, daß ein Alexis de Tocqueville diese Art des Individualismus ebenso wenig verteufeln konnte oder wollte wie ein Immanuel Kant. In diesem Sinne läßt sich der Individualismus als ein vom Gewissen gesteuertes Gleichgewicht zwischen Selbst- und Fremdbestimmung deuten. Diese Deutung macht zugleich klar, warum der Individualismus im täglichen Sprachgebrauch stark mit negativen Assoziationen verbunden ist. Denn Gleichgewichtszustände können labil sein und sind es häufig auch. Das erklärt, warum wir immer wieder beides beobachten können: radikale Vereinzelung und die Bereitschaft, in Kollektive einzutauchen. Beides sind Seiten derselben Medaille. Entweder möchte man in seinem Inneren den Druck loswerden, den die Ansprüche anderer Menschen erzeugen. Das ist der Egotrip. Oder man befreit sich von der Last, ein Individuum zu sein, und wirft sich in den Ozean einer Massenbewegung, die das eigene Gewissen endlich abschaltet. Massenbewegungen im 20. Jahrhundert bezogen ihre inhumane Wucht aus der Sehnsucht der vielen Einzelnen, von der Last befreit zu werden, als Individuen denken und handeln zu müssen.

Die Antwort der Kommunitarier

In den USA gibt es seit geraumer Zeit eine Bewegung, die sich auf neue Weise darin versucht, die Ansprüche der Individuen mit denen der Gemeinschaft zu versöhnen. Es handelt sich dabei um den Kommunitarismus. In ganz konservativer Weise beklagen seine Vertreter, daß in den vergangenen Jahrzehnten wirtschaftliche und kulturelle Entwicklungen den Einzelnen zum Egoismus verführt hätten. Die Wirtschaft mit ihrem Konkurrenzdruck und den Erfolgsstorys der happy few. Die Kultur mit ihrer Auflösung hergebrachter Orientierungen am Maßstab der Familie und ihrer anarchistischen Tendenz, Ordnungen zugunsten der Spontaneität rascher Bedürfnisbefriedigung überhaupt in Frage zu stellen. Unter dem Anspruch der Authentizität werden im zwischenmenschlichen Bereich die Karten ständig neu gemischt und verteilt, so daß niemand sich seines Partners wirklich sicher sein kann. Scheidungskinder können ein Lied davon singen, wie sich

Menschen gerade dadurch gegenseitig zum bösartigen Schicksal werden, daß jeder nur sein eigenes Bestes will und darüber vergißt, was er damit anrichtet. Der Staat wiederum ist in den Augen der Kommunitaristen ein ungeeigneter Apparat zur Beseitigung der Folgen unsolidarischen Verhaltens, weil er dieses durch Sozialhilfe geradezu bestärkt, durch administrative Eingriffe wiederum die Freiheit der Individuen einschränkt und insgesamt zu teuer und zu ineffizient ist.

Deshalb gehen sie neue Wege. Sie wollen die Motivation für soziales Handeln dadurch stärken, daß sie Gemeinschaften erfahrbar machen. Eines der berühmtesten Beispiele dafür hat die Stadt Seattle geboten. Es entstand aus einem Dilemma. Die Stadtkasse konnte die ärztliche Notfallversorgung nicht mehr finanzieren. So wurde die Garantie, daß jeder Bürger im Falle eines akuten gesundheitlichen Notfalls mit einer Ambulanz ins nächstgelegene Krankenhaus gebracht wird, aufgekündigt. An diese Stelle aber setzte die Stadt, in der die Kommunitaristen der USA insgesamt am stärksten vertreten sind, eine Anleitung zur Selbsthilfe. In Kursen leitete sie die Bürger an, sich gegenseitig im Falle von Herzanfällen zu helfen. Wenn man den Auskünften der Kommunitaristen Glauben schenken darf, so funktioniert dieses Modell gut. Es gibt nicht mehr Herztote als vorher, und die Bürger finden es gut, ihre Kräfte zur Selbsthilfe mobilisiert zu sehen und damit ein neues Selbstbewußtsein – als Individuum und als Bürger – zu bilden.

Die Bewegung des Kommunitarismus ist umstritten, sie selbst aber behauptet, die Vorhut moderner Gemeinschaft zu bilden. Tony Blair sei der Sache nach auch einer von ihnen, schreibt stolz der Politologe Amitai Etzioni. Denn Blair habe begriffen, daß alle Politik auf die Stärkung der Kräfte der Gemeinschaft abzielen müsse. Der kühle Blick des Außenstehenden enthüllt zunächst etwas Verblüffendes: Der Rückzug des Staates aufgrund finanzieller Grenzen muß nicht zur Auflösung der Bürgergesellschaft führen. Vielmehr kann der Staat die Bürgergesellschaft stärken, indem er sie mit Aufgaben versieht. Wie ein Mensch sich wohler fühlt, wenn man ihm die richtigen Aufgaben anvertraut und er daran die eigenen Kräfte erproben und entwickeln kann, beginnt auch in der Bürgergesellschaft ein seelischer Wachstumsprozeß. Erst wenn der Staat sich aus einigen Bereichen zurückzieht, erfährt sie, was sie zu leisten imstande ist. Die Kommuntaristen sehen in der Knappheit der öffentlichen Finanzen eine Chance zur Stärkung des bürgerlichen Selbstbewußtseins.

Wollte man diesen Gedanken weiter zuspitzen, so hätte der Staat geradezu verantwortungslos gehandelt, indem er dem Einzelnen zuviel Verantwortung für sein Geschick abgenommen hat. Im Gegensatz zu den Liberalen im Gewande einer Margaret Thatcher oder der Chikago-Schule eines Milton Friedman aber sagen die Kommunitaristen nicht, jeder sei seines eigenen Glückes Schmied und müsse für sich selber sorgen. Vielmehr fragen sie nach den Bedingungen, die es ermöglichen, daß jemand für sich selber sorgt, indem er sich für die Gemeinschaft einsetzt. Denn nur so kann er die Kräfte der Gemeinschaft für sich nutzen. Die Kommunitaristen bedenken die Wechselwirkungen, die zwischen dem Einzelnen und der Gemeinschaft zu Synergien führen können, die der Staat mit seiner Administration und die Wirtschaft mit ihrem Konkurrenzprinzip allein nicht freisetzen.

Die Verantwortung als produktives Prinzip setzt in den Augen der Kommunitaristen Werte voraus, die von der jeweiligen Gemeinschaft geteilt werden. Diese Einsicht ist einerseits trivial, denn wenn zum Beispiel Solidarität kein anerkannter Wert wäre, ließe sich keine verläßliche Hilfe auf freiwilliger Basis organisieren. Auf der anderen Seite sind diese Werte auch gefährlich. Darauf weisen die Kritiker der Kommunitaristen hin. Denn je präziser sich eine Gemeinschaft über Werte definiert, desto stärker setzt sie den Einzelnen unter Druck, sich damit zu identifizieren. Und je enger sich eine Gemeinschaft über Werte zusammenschließt, desto schärfer ist ihre Abgrenzung gegenüber anderen. Die Verantwortung, die sie ausübt, gilt dann immer nur in Bezug auf sie selbst.

Diese Kritik muß man nicht allzu ernst nehmen, denn es trifft das Wesen von Verantwortung, daß sie immer nur partiell wahrgenommen werden kann. Gerade idealistisch gesinnte junge Leute, die sich in Hilfsorganisationen engagieren, können an dieser traurigen Tatsache irre werden. Warum, so fragen sie zum Beispiel, engagieren wir uns für ein bestimmtes Kinderheim in einer bestimmten Stadt, wenn wir doch wissen, daß diese Auswahl in Anbetracht des Elends jener Kinder, denen nicht in diesem Heim geholfen werden kann, geradezu wie ein zynisches Spiel wirkt?

Aber da man nicht allen Kindern dieser Welt gleichzeitig helfen kann, ist es besser, überhaupt anzufangen als räsonierend die eigene Faulheit als letzte Antwort zu propagieren.

Daß eine Gruppe sich mit ihren Werten gegen andere abgrenzt, ist kein Tick des Kommunitarismus, sondern liegt in der natürlichen Begrenztheit von Menschen und Gruppen begründet. Wenn man sich für einen Wert entscheidet, kann man sich nicht gleichzeitig für den anderen, möglicherweise entgegengesetzten, entscheiden. Allein der weltanschaulich neutrale Staat hat es ausdrücklich auf sein Programm geschrieben, daß unterschiedlichste Anschauungen und Wertentscheidungen möglich sein müssen, solange sie nicht auf Destruktion zielen. Die Kommunitaristen würden das nicht bejahen, denn ihr Programm ist die gegenseitige Hilfe. Ihre Neutralität hat daher sehr viel engere Grenzen.

Amitai Etzioni hat in einem Buch über die „Verantwortungsgesellschaft" beschrieben, nach welchem Maßstab zwischen Werten aus kommunitaristischer Sicht entschieden wird. Alles, was die Freiheit des Einzelnen fördere, sei solange in Ordnung, wie diese Freiheit nicht zu einem Chaos führe, das wiederum alle einschränke. Im Bild gesprochen: Wenn man einer großen Menschenmenge beliebige Bewegungsfreiheit einräumt, kommt am Ende niemand mehr vorwärts. Daher kann es der Freiheit aller dienen, die Bewegungsmöglichkeiten des Einzelnen zu definieren. Der Staat tut das natürlich auch, aber die Kommunitarier gehen weiter, weil sie mehr innerhalb ihrer Gemeinschaften auf informeller Ebene ausprobieren und nicht immer gleich nach neuen Gesetzen rufen.

Neue Wege der Bestrafung

Diese Unterschiede zeigen sich an einem Problem, mit dem jede Gemeinschaft zu kämpfen hat. Es geht dabei um die Frage, in welcher Weise jene zur Verantwortung gezogen werden können, die die Spielregeln verletzen. Die westlichen Demokratien drohen im wesentlichen mit der Geld- und Gefängnisstrafe. Beide Strafarten haben Nachteile. Geldstrafen können unangemessen sein. Und Gefängnisstrafen bessern die Täter nicht unbedingt, sondern können die Basis für neue Straftaten legen. Außerdem sind Gefängnisse teuer. Grund genug also, darüber nachzudenken, ob es

nicht auch andere Möglichkeiten gibt, vor Straftaten abzuschrek-
ken beziehungsweise nach der Tat den Rechtsbrecher zu resoziali-
sieren.

So kann es für jemanden außerordentlich peinlich sein, überhaupt bei einer Straftat erwischt zu werden. Im Extremfall kann
die Scham weitaus schwerwiegender sein als die Verurteilung
durch das Gericht und die Buße. Der Kommunitarist Amitai Etzioni berichtet von dem Fall eines Bankangestellten, der Kunden-
gelder veruntreut hatte. Die Richter verurteilten ihn dazu, sich
mit einem Schild, auf dem dieses Vergehen verzeichnet war, zu
den Kunden zu begeben. Der Mann habe danach berichtet, daß
ein Gefängnisaufenthalt für ihn leichter zu verkraften gewesen
wäre als diese direkte Konfrontation.

In Deutschland beschäftigt sich der Strafrechtler Horst Schüler-
Springorum, kein Kommunitarist, mit der Möglichkeit eines Täter-Opfer-Ausgleichs. Wenn beide Seiten es wollen, kann das Ge-
schehene im Rahmen eines Täter-Opfer-Ausgleichs so bewältigt
werden, daß kein Trauma zurückbleibt. Viel müßte dazu gesagt
werden, an dieser Stelle sei aber nur eine Bemerkung Schüler-
Springorums hervorgehoben: Für viele Täter, etwa Diebe oder
Schläger, ist es äußerst unangenehm, ihren Opfern Auge in Auge
gegenüberzutreten. Hier entsteht ganz offensichtlich dieselbe
Verlegenheit, wie sie auch der untreue Bankangestellte empfunden
hat.

Scham ist auch eine Strafe. Scham setzt aber voraus, daß Anonymität aufgehoben wird. Ungesehen etwas zu tun, ist leicht.
Aber für seine Tat vor denselben Menschen, die man geschädigt
hat, Rechenschaft abzulegen, ist bedrängend. Manche Kommunitaristen und andere Reformer gehen noch einen Schritt weiter. Sie
haben die Methode des „reintegrative shaming" entwickelt. Danach müssen sich innerhalb von Nachbarschaften, Freundeskeisen
oder auch Familien Täter rechtfertigen. Sie müssen erklären, warum sie zum Beispiel wieder alkoholisiert Auto gefahren sind oder
warum sie geprügelt haben. Und vor allem: Sie müssen darlegen,
was sie zu tun gedenken, um solche Fehltritte in Zukunft zu vermeiden. „Reintegrative" ist diese Form der Auseinandersetzung
auch deshalb, weil die Gemeinschaft ihrerseits deutlich macht,
unter welchen Bedingungen sie den Täter wieder akzeptiert und
wie sie ihm zu helfen bereit ist.

Den Angelpunkt aller dieser Alternativen zum herkömmlichen Strafsystem bildet die Einsicht, daß schädliches Verhalten durch Anonymität begünstigt wird. Wer seinem Opfer nicht ins Auge schauen muß, wer unerkannt bleibt, der empfindet bestenfalls eine Scham gegenüber sich selbst. Die Scham anderen gegenüber aber ist ungleich größer. Und sie wird noch gesteigert, wenn es Menschen sind, die man kennt und mit denen man täglich zu tun hat. Dagegen kann sogar die Beschämung verblassen, die von einem Polizisten oder einem Richter ausgeht. Ganz im Sinne der Rational-Choice-Theoretiker haben die Kommunitaristen erkannt, daß Werte, die das Gewissen des Einzelnen leiten sollen, die Abstützung durch eine Gruppe brauchen.

Aber das ist keine Patentlösung. Denn Gruppen neigen dazu, sich in fortlaufender Selbstbestätigung immer schärfere Normen zu geben. Gruppendynamik besteht ja gerade darin, immer genauer zu definieren, wer dazugehört und wer nicht. Die bereits erwähnte Kritik, wonach Gruppen jeweils ganz eigene moralische Wertungen ausbilden, mit deren Hilfe sie sich gegen andere Gruppierungen abgrenzen, taucht hier wieder auf. Es besteht nämlich die Gefahr, daß zuviel Konformität verlangt wird. Wenn das verantwortungslose Handeln in der Anonymität das eine Extrem der modernen Gesellschaft ist, dann liegt das andere in der Unterwerfung unter den Gruppendruck. Die USA liefern auch dafür ein anschauliches Beispiel, das weit über den Kommunitarismus hinausgreift. Die Kampagnen gegen das Rauchen mögen ihre Berechtigung haben, aber jeder Amerikabesucher weiß, was ihm geschieht, wenn er trotzdem zur Zigarette greift. Wildfremde Menschen meinen, sein Verhalten lautstark kommentieren zu sollen, und vermitteln ihm das Gefühl, ein asozialer Außenseiter zu sein. Die Frage einer möglichen Gesundheitsgefährdung hat sich moralisch aufgeladen, und wer sie nicht im Sinne der Mehrheit beantwortet, sieht sich unerbetenen Ermahnungen ausgesetzt.

Gruppen können einen Mief erzeugen, der jeden innerlich unabhängigen Menschen zur sofortigen Flucht treibt. Am Anfang unserer modernen Gesellschaften steht eben diese Erfahrung: Die Menschen gingen aus den Dörfern auch deswegen in die Städte, weil sie dort freier leben konnten. Denn hier fand keine Kontrolle mehr statt, wie sie von Dorfgemeinschaften ausgeübt wurde. Und ein Essential demokratischer Verfassungen besteht darin, daß jeder Bürger die Möglichkeit haben muß, seinen Bestrebungen dann unerkannt nachzugehen, wenn er diese Freiheit nicht zur strafrechtlich relevanten Schädigung anderer mißbraucht.

Ohne diese Freiheit gäbe es keinen Fortschritt. Was zunächst wie Verantwortungslosigkeit und Wertezerfall aussieht und entsprechend beklagt wird, kann auch seinen guten Sinn haben. So wird seit Menschengedenken darüber Beschwerde geführt, daß die Jugend aufmüpfig sei und Bedienstete sich zu anmaßend aufführten. Kurz vor Beginn der Französischen Revolution regten sich die höheren Stände darüber auf, daß die Diener dazu übergingen, abgelegte Kleidungsstücke ihrer Herren zu tragen. War das Anmaßung, Hoffart, gar beginnende Rebellion? Und in England waren schon während der Industrialisierung die Zeitungen voll mit Beschwerden über das laute, bisweilen rüpelhafte, häufig aber selbstbewußte Auftreten mancher Arbeiter, die damit jene Tabus verletzten, die die Klassengesellschaft für sie erdacht hatte.

Der gesellschaftliche Wandel erfordert eine ständige Überprüfung moralischer Regeln. Das geschieht meistens durch Regelverstoß, denn dieser zwingt die Gesellschaft dazu, die Regeln stets neu zu begründen. Wird nun die Möglichkeit zum Regelverstoß durch Gruppendruck eingeschnürt, geht das auf Kosten der Entwicklung – moralisch, aber auch in allen anderen Bereichen. Das Gefälle zwischen Stadt und Land, die Dynamik hier und die Erstarrung der folkloristischen Oase dort macht diese Begrenzung gruppenorientierten Verhaltens sinnenfällig.

Damit ist der Kommunitarismus aber nicht erledigt. Denn die Gefahren, die man ihm vorhalten kann, gibt es in anderer Gestalt auch auf der anderen Seite, der Seite der anonymisierten Massengesellschaft. Denn keiner wird behaupten wollen, daß jeder Regelverstoß schon ein kreativer Akt ist und daß es mit uns unaufhaltsam aufwärts gehe. Die Klage über den Verfall der Sitten mag zu einem Teil auf Idealisierungen der Vergangenheit und Selbstgerechtigkeit beruhen, aber deswegen ist sie nicht völlig gegenstandslos. Die Schamlosigkeit sexuellen Verhaltens, die durch Anonymität begünstigt, dann aber in den Medien – vorzugsweise in Talkshows – öffentlich zelebriert wird, trägt sicher nichts zum persönlichen Wachstum jener bei, die ihre Obsessionen zum Lebensinhalt machen und dabei noch von Moderatoren und Publikum gefeiert werden. Wenn die Kommunitaristen an das bessere

Selbst der Menschen appellieren und daran erinnern, daß sich die Anstrengung, ein verantwortliches Leben zu führen, lohnt und zudem für die Gesellschaft auf Dauer unerläßlich ist, dann verdienen sie Respekt. Zu diesem Respekt gehört aber auch die Warnung, daß eine zu starke Gruppenorientierung zur vormodernen Erstarrung führen muß. Es gibt kein Patentrezept zur Beantwortung der Frage, was es heißt, ein Individuum zu sein.

Symbolische Verantwortung

Warum Personen immer wichtiger werden

Jene Geschichtsdeutung, die alle markanten Ereignisse aus allgemeinen und vor allem überindividuellen Gesetzen ableiten wollte, hat Personenkulte hervorgebracht, die die Pharaonen vor Neid hätten erblassen lassen. Die Rede ist vom Marximus-Leninismus. Für Lenin wurde ein riesiges Mausoleum errichtet, und dabei hatte der nach eigener Auskunft gar nichts besonderes getan. Denn der Sozialismus stand ebenso wie der ihm folgende Kommunismus auf dem Verlaufsplan der Geschichte, die ihre eigene Endgestalt schon kennt, während die Akteure noch im Dunkel der Ungewißheit umhertaumeln. Lenin, Stalin, Tito, Mao, Castro und all die anderen Führer waren demnach ebenso wenig kreativ wie selbstbestimmt. Sie haben nur das vorangetrieben, was nach ihrer Theorie ohnehin passieren mußte. Ihr einziges Verdienst bestand demnach darin, diese „Notwendigkeit" zur rechten Zeit entziffert zu haben. Wenn aber die Geschichte so offensichtlich weiß was sie will, dürften im Rahmen des historischen Materialismus Menschen nicht wie Götter verehrt werden, nur weil sie die Rolle von handelnden Propheten gespielt haben. Daß Mao sich als „großer Steuermann" verehren ließ, ist demnach idealistische Verklärung von Personen in ihrer miesesten Form gewesen.

In den westlichen Demokratien hat die These von der geschichtlichen Notwendigkeit nur wenige Anhänger gefunden. Und doch gibt es auch hier überindividuelle Strukturen in Gestalt global handelnder Unternehmen. Selbst der Philosoph Hans Jonas, der eindringlich an das appellieren wollte, „was in jeder menschlichen Brust lebt", kam nicht umhin festzustellen, daß die „großen Akteure" keine Personen mehr sind. Aber, so entgegnete er einmal dem Soziologen Ulrich Beck, „man redet nicht zu Konzernen, man redet zu Menschen". Zynisch ließe sich einwenden, daß es jedem jederzeit freistehe, zu Menschen zu reden, die Konzerne trotzdem ihre Ziele verfolgten und das machten, was Konzerne eben tun. Sie verwenden die in ihnen arbeitenden Menschen vom Pförtner bis zum Generaldirektor als austauschbare Elemente. Da Manager nur Zeitverträge erhalten, steht ihnen ihre Austauschbarkeit stets klar vor Augen. In der Politik ist es nicht anders. Politiker sind bloße Elemente ihrer Parteien, die immer wieder neu darüber entscheiden, wer ihre Interessen vertreten soll. Der Bundeskanzler Helmut Schmidt hat sich als „Angestellten" bezeichnet, um seine Abhängigkeit von Strukturen zu charakterisieren und um zu weitreichende Forderungen an eine von ihm erwartete moralische Führung abzuweisen. Am Ende ist er daran gescheitert, daß seine eigene Partei ihm nicht mehr folgen wollte.

Wenn der Mensch durch Strukturen ersetzt wird, wie es der dialektische Materialismus behauptet und die freie Marktwirtschaft praktiziert, sollte der Mensch sich mehr für Strukturen interessieren. Das tut er aber nicht. Man braucht nur eine Zeitung aufzuschlagen oder die Fernsehnachrichten einzuschalten: Wenn sich nicht gerade ein Flugzeugunglück oder eine Naturkatastrophe ereignet hat, betreffen die meisten Meldungen Personen. Besonders beliebt sind Wahlen. Die Berichterstattung darüber erweckt den Eindruck, als sei Politik aus der Psyche der jeweiligen Repräsentanten heraus verstehbar und als würden die Wähler nichts anderes tun, als feinsinnig jene Personen herauszudestillieren, die ihrer eigenen Mentalität am ehesten entsprechen. Das Interesse, das sich auf die Personen der Politik richtet, steht in einem grotesken Mißverhältnis zu dem, was nach Wahlen regelmäßig geschieht: geringe Veränderungen, hohe Kontinuität bei gleichbleibendem, wenn nicht steigenden Problemdruck. Aber auch wirtschaftliche Vorgänge erscheinen aus der Perspektive der Massenmedien so, als seien sie aus der Tatkraft, den Vorlieben oder besonderen Ticks der großen Bosse heraus hinreichend zu verstehen.

Mit ein bißchen bösen Willen kann man hierin eine leicht durchschaubare Verdummungsstrategie auf Kosten der Leser, Zuschauer und nicht zuletzt: Wähler erkennen. Demnach profitieren die Politiker davon, daß die Medien sie so wichtig nehmen. Entsprechend wichtig sind dann deren „Freundschaften", wie der Medienfeind Helmut Kohl werbewirksam über die Medien verbreiten läßt, indem er andere Staatsoberhäupter öffentlich duzt und mit Vornamen anredet. Und die Medien profitieren, weil sie Politik durch Personalisierung derartig vereinfachen können, daß sie damit stets auf das Interesse eines Massenpublikums stoßen. So etwas kann man auch Symbiose nennen, eine Symbiose allerdings, die dazu dient, ein Massenpublikum zu täuschen.

Handeln Politiker nicht verantwortungslos, wenn sie sich eine Bedeutung zuschreiben, die sie gar nicht haben? Und begehen nicht die Medien so etwas wie Priesterbetrug, wenn sie den Glauben an die Politiker noch unterstützen? Ähnlich wie die von Religionskritikern angeprangerten Priester würden sie Götter verkündigen, an die sie selbst nicht glauben. Und diese Linie könnte man entsprechend bis in die Wirtschaft ausziehen. Die „organisierte Unverantwortlichkeit", von der Ulrich Beck spricht, ließe sich dementsprechend auch so verstehen, daß ein Kartell von Meinungsmachern aus Politik, Wirtschaft und Medien den Eindruck erweckt, bestimmte Personen seien weitaus wichtiger, als sie tatsächlich sind. „Organisierte Unverantwortlichkeit" wäre eine zynische Inszenierung für ein Publikum, das sich mehr für die Schaukämpfe von Personen interessiert als für die Strukturen von Problemen und das entsprechend mit Pseudoerklärungen abgespeist wird.

Die Erfahrung des anderen

Es gibt dieser Kritik an der Personalisierung und gleichzeitigen Medialisierung zunächst wenig entgegenzusetzen. Denn es ist unbestreitbar, daß Organisationen mit ihren Strukturen weitaus einflußreicher sind als Personen mit ihrem Charakter, ihrer Einsicht und ihrem Willen. Wer die Anonymität der hochtechnisierten Massengesellschaft mit ihrer weltumspannenden Wirtschaft und Kommunikation einmal verstanden hat, kann die Aufregung um Personen nur als Werbetrick verstehen. Tricks aber brauchen, um auf Dauer zu funktionieren, ebenso eine Grundlage wie die erfolgreiche Lüge auf einer Teilwahrheit beruhen muß. Auch lassen Produkte sich nur verkaufen, wenn sie auf irgendein Bedürfnis stoßen, und sei das Bedürfnis auch noch so abstrus. Das Bedürfnis aber, das durch den Personenkult befriedigt wird, wurzelt tief im Menschen. Unsere ersten Erfahrungen nämlich hängen mit der Zuwendung anderer Menschen zusammen. Der andere ist früher da als das eigene Ich, das sich im Kleinkind erst zu entwickeln beginnt. Die Welt erschließt sich über andere Menschen, und erst, wenn die Erkenntnisfähigkeiten weit entwickelt sind, kann der Einzelne sich mit Sachen beschäftigen, ohne den Weg über andere Menschen, die sie ihm zugänglich machen und erklären, zu nehmen.

Wir mögen zwar wissen, daß wir in einer Welt der Strukturen leben, glauben können wir das nicht, denn unsere früheste Lebenserfahrung vermittelte uns ein anderes Bild: Daß es etwas im Menschen gibt, „das ansprechbar ist", wie Hans Jonas formuliert hat. Wir können es denken, aber nicht wirklich vorstellen, daß Menschen bloß die Marionetten von Strukturen sind. Wenn jemand sagt, daß er dieses oder jenes machen werde oder beeinflussen könne, dann neigen wir spontan dazu, ihm zu glauben. Schließlich haben wir in frühester Kindheit gelernt, daß der gute Wille der Eltern Berge versetzen kann. Dem entspricht eine Beobachtung, die Linguisten gemacht haben. Die haben sich einmal gefragt, worüber Menschen sich eigentlich am meisten unterhalten, was also das Hauptthema im Durchschnitt aller Gespräche bildet. Die Antwort: andere Menschen. Der Mensch interessiert sich am meisten für andere Menschen und stellt diese daher auch in den Mittelpunkt seiner Gespräche. Und wenn man sich den Verlauf vieler Gespräche klarmacht, dann läßt sich auch der Grund für dieses Interesse erkennen. Denn viele Gespräche haben mit Vermutungen zu tun. Was würde der und der jetzt zu dem und dem sagen? Oder es wird berichtet, wie jemand auf etwas reagiert hat. Oder man erzählt, wie man selbst eine bestimmte Situation erlebt hat. Der Handlungsspielraum von Menschen ist so groß, daß wir immer wieder neu erfahren wollen, wie jemand etwas sieht und wie er reagiert. Schlagartig würde die gesamte Belletristik ebenso verschwinden wie die Filmindustrie, sollte dieses elementare Interesse je versiegen.

Aber daß sich Menschen gegenseitig Handlungsspielräume zuschreiben, heißt noch lange nicht, daß sie diese auch haben. Im privaten Bereich mag sich der Einzelne so unberechenbar aufführen, wie er es für richtig hält, aber im beruflichen Alltag handelt er in der Regel angepaßt. Er achtet sehr sorgfältig darauf, alles zu unterlassen, was seine Stellung innerhalb seiner Organisation gefährden könnte. Diese Rücksichtnahme auf das Urteil von Kollegen, Kunden oder Parteifreunden kann zu Lasten der Verantwortung gehen. Denn es steht nicht mehr die Sache im Mittelpunkt der Abwägung, sondern die Zustimmung der jeweils wichtigen Bezugspersonen. In Bezug auf dieses Anpassungsverhalten gibt es keinen prinzipiellen Unterschied zwischen den unteren, mittleren oder oberen Stufen der Hierarchien. Gerade die Leute an der Spitze beklagen ja ihre vielfältigen Abhängigkeiten. Aber ihnen wird trotzdem ein besonders hohes Maß an Verantwortung zuge-schrieben. Denn wir nehmen an, daß der, der Macht hat, mit ihr auch verantwortlich umgeht und nicht bloß darauf achtet, seine Karriere möglichst erfolgreich fortzusetzen. Tritt eine Unregel-mäßigkeit in einer Organisation oder sogar ein weitreichendes Unglück ein, fordert die Öffentlichkeit Köpfe. Da müssen Chefs oder Minister gehen, auch wenn sie selbst die Fehler vielleicht gar nicht gemacht haben, sondern ihre Untergebenen. Das Interesse an Personen, das so erfolgreich in den Medien zelebriert wird, fordert ganz konkret seinen Tribut. Wer an der Spitze steht, soll wenigsten symbolisch dafür geradestehen, was unter seiner Ägide angerichtet wurde. Dahinter steckt mehr als das vordergründige Bedürfnis, Sündenböcke zu finden, um an der Fiktion von Ver-antwortung festzuhalten.

Denn wenn es zum common sense würde, daß wir alle bloß noch Marionetten von Strukturen sind und daher niemand für sein Handeln zur Verantwortung gezogen werden kann, löste sich der Kern des Menschlichen auf. „Man spricht nicht zu Konzer-nen, man spricht zu Menschen", hat Hans Jonas ebenso einfach wie genial formuliert. Und gleichzeitig betonte er selbst die Ab-hängigkeit der „Mächtigsten aller Gebieter" von wirtschaftlichen, technischen und politischen Strukturen. Aber diese Abhängigkeit löst den Einzelnen nicht aus seiner Verantwortung.

Dies mag wie ein bloßes humanistisches Postulat wirken, das wie ein Beruhigungsmittel verabreicht wird. Demnach würde um so mehr von Verantwortung geredet, je weniger davon im Alltag die Rede sein kann. Man betet am Sonntag zu Gott und macht unter der Woche seinen schmutzigen Geschäfte. Das wäre der zutreffende Vergleich. Und man hat Jonas vorgeworfen, wie ein alttestamentlicher Prediger auf Versammlungen von Ciba Geigy und anderen Firmen aufgetreten zu sein und damit de fakto nur so getan zu haben, als ließe sich in einem solchen Rahmen noch von Verantwortung sinnvoll sprechen. Bösartig könnte man fortfahren: Ein solcher Festredner auf einer Aktionärsversammlung macht sich dann besonders gut, wenn der Vorstandsvorsitzende von schönen Dividenden berichten kann.

Der menschliche Faktor

Aber diese bis zum Zynismus gesteigerte Skepsis ist nicht zwingend. Denn es stimmt nicht, daß der menschliche Faktor von den Strukturen geradezu erdrückt würde. In der Wirtschaft und in der Politik lassen sich Belege dafür finden, daß die Subjektivität des Einzelnen trotz aller Anpassungszwänge nach wie vor eine entscheidende Rolle spielt. So gibt es in Betrieben den typischen Konflikt zwischen den älteren und erfahrenen Kollegen, die auf Neuerungsvorschläge Jüngerer mit dem bekannten Statement reagieren: „Alles schon probiert, geht nicht." Wenn sich die innovativen Köpfe gegen solche Blockaden durchsetzen, belegen sie auf ihre Weise die hohe Bedeutung, die der Mensch inmitten all der Strukturen trotz aller gegenteiligen Einschätzungen tatsächlich hat. Kein Wunder, daß Headhunter und Manager fieberhaft versuchen, kreatives Personal zu rekrutieren.

Daraus den Schluß zu ziehen, daß es dann für den umworbenen Kreativen vergleichsweise einfach sein müsse, Verantwortung wahrzunehmen und im Zweifelsfall der Stimme seines Gewissens zu folgen, ist zwar nicht ganz falsch, aber auch etwas naiv. Das ist etwa so, wie wenn jemand den üppigen Stellenmarktteil einer der großen überregionalen Zeitungen aufschlägt und gar nicht glauben kann, daß es immer noch Leute ohne Job gibt. Gerade an Stellenmarktangeboten kann man ablesen, woran es liegt, daß Menschen einerseits immer wichtiger werden, aber deswegen noch lange keine Bedingungen stellen können. Denn Organisationen achten immer genauer darauf, nur solche Leute zu rekrutieren und vorankommen zu lassen, die exakt zu ihnen passen. Das geht mit den Qualifikationsmerkmalen los und setzt sich über die Einfügung in die *corporate identity* fort.

Meinhard Miegel, Wirtschaftsprofessor und Direktor des Bonner „Instituts für Wirtschaft und Gesellschaft", gewiß kein Linker, löste in der Evangelischen Akademie Tutzing vor ein paar Jahren allergrößte Verwirrung aus. Er war vom „Politischen Club" zu einem Vortrag über Eliten eingeladen worden, und erklärte seinen Zuhörern unter anderem, daß gerade das Führungs-personal in Politik, Wirtschaft und Wissenschaft nichts anderes sei, als das exakte Abbild der jeweiligen Organisation. In der Po-litik spricht man vom „Stallgeruch", aber was Miegel meinte, gibt es eben auch in allen anderen Organisationen und Institutionen: Jene, die an die Spitze gelangen, spiegeln ihre Organisation, ver-körpern sie geradezu. Auf diese Weise sichert sich eine Organisa-tion ihre Kontinuität. Nur in größter Not, so der Professor, wür-de eine Organisation Leute an ihre Spitze stellen, die für frischen Wind sorgten. In der Not nämlich stehe die Organisation vor der Alternative, unterzugehen oder in verwandelter Gestalt zu über-leben. Und das schaffe sie nicht aus eigenen Kräften, sondern be-nötige Impulse, die ihre Identität veränderten.

Der Vortrag Miegels fand statt, lange bevor Tony Blair in Eng-land praktisch vorführte, was Miegel seinen verwirrten Zuhörern mitzuteilen hatte. Das wäre damals noch ein schönes Zusatzar-gument für den Wirtschaftsprofessor gewesen: Da kommt Blair mit seiner Truppe und erklärt den Sozialisten, daß sie ihre liebge-wordenen Ideale über Bord werfen müßten, wenn sie nicht end-gültig den Anschluß verpassen wollten. Sie müßten, im Bild ge-sprochen, lernen, auf den thatcheristischen Wellen zu surfen, um wenigstens ein paar Ziele zu erreichen. Die Wellen selber seien nicht umzulenken, wie der Sozialismus ursprünglich vorgehabt habe. Solidarität zeige sich darin, daß man quasi die Naturgewalt der Wellen für die Schwächeren nutze, was aber voraussetze, daß man sie anerkenne und nicht zu brechen versuche.

Blair ist also das, was man einen charismatischen Führer nen-nen könnte, der auf seine Weise den Beweis dafür liefert, wieviel ein Mensch auch heute noch zu verändern vermag. Das, was wir an Macht und Verantwortung in Führungspersonen hineinproji-zieren, findet hier eine Bestätigung. Miegels Ausführungen wie-derum sorgten deswegen für Verwirrung, weil er in seiner nicht sonderlich höflichen Schärfe den Normalfall beschrieb: Da kom-men nicht die Leute an die Spitze, die eine Organisation um-krempeln, sondern diejenigen, die sie optimal repräsentieren. Die Spitze ist bloß das Hologramm einer Partei, Firma oder Universi-tät, aber keineswegs jene Elite, die souverän ins Steuer greift. Mit anderen Worten: Diese „Stellungselite", wie Miegel sie nannte, besteht aus Funktionären.

Daraus läßt sich aber nicht der Schluß ziehen, daß Menschen unwichtiger würden. Ganz im Gegenteil werden sie immer sorgfältiger ausgesucht, denn da ihre Entscheidungen selbst bei kleinsten Spielräumen von größter Tragweite sein können, will eine Organisation Verläßlichkeit. Im technischen Bereich sehen wir dies daran, daß Fehlentscheidungen Katastrophen auslösen können. Deswegen versucht man dort ja auch, Menschen möglichst durch Automaten zu ersetzen oder zumindest mit Hilfe von technischen Systemen zu kontrollieren und dadurch ihren Spielraum einzugrenzen. Organisationen üben Kontrolle aus, indem sie ihren Kräften beibringen, wie sie ihren Spielraum zu nutzen haben und über längere Zeit die Handlungsweisen ihrer Kandidaten beobachten.

Gerade die hohe Bedeutung des Einzelnen erzeugt eine starken Anpassungsdruck. Man darf sich daher nicht wundern, daß aus dem umworbenen Spezialisten nicht automatisch ein souveräner Mensch wird. Vielmehr paßt er sich immer weiter an, um weiterhin umworben zu bleiben. Anpassung und Einfluß – man kann auch von begrenzter Macht sprechen – gehören zusammen. Einfluß und Verantwortung wiederum bilden keine Einheit, denn derjenige, der der Stimme seines Gewissens folgt, weicht möglicherweise von den Erwartungen ab, die eine Organisation in ihn setzt. In dem Maße, wie er das tut, riskiert er, an Einfluß zu verlieren. Es sei denn, er schafft es, andere für seine Position einzunehmen. Ein extremes Beispiel dafür liefert wiederum Tony Blair, der ja keineswegs von außen zur Labour Partei stieß, sondern ihr schon lange angehört hatte, um von innen heraus Stück für Stück neue Positionen zu entwickeln. Ob er seinem Gewissen gefolgt ist oder nur eine raffinierte Strategie entwickelt hat, um Karriere zu machen, wissen selbst manche seiner Berater nicht. Wenigstens aber hat er vorgeführt, daß der Mut zur Abweichung belohnt werden kann.

Wer seinem Gewissen folgen will, sollte also nicht zu früh aufstecken. Schwierigkeiten und Widerstände können auch als Zeichen dafür gedeutet werden, daß man kreativer mit seiner Problematik umgehen sollte. Das Gewissen kann zu einem Spiel mit Möglichkeiten ermuntern.

Verantwortung für die Geschichte

*Die Würde des einzelnen Menschen und seine Scham
für Taten anderer*

Man könne, so wird gern gesagt, nur für seine eigenen Taten, nicht aber für die anderer Verantwortung übernehmen. Die Ausnahme bestünde höchstens darin, daß man andere verführt hat. Oder sie sind falsch informiert worden, so daß sie Fehler machten oder selbst in ein Unglück rannten. In dem Sinne, daß man für Fehlverhalten zur Rechenschaft gezogen werden kann, übernimmt man stets auch Verantwortung für die Vergangenheit. Dies gilt allerdings nur insofern, als man selbst für bestimmte Ereignisse oder Abläufe „verantwortlich gemacht werden kann":

Das klingt alles ganz vernünftig, aber seltsamerweise begnügt sich das Gewissen mit dieser Abgrenzung nicht ganz. An sich selbst kann man nämlich beobachten, daß einen das Verhalten anderer Menschen innerlich aufwühlen kann und daß man sich für Dinge schämt, die man selbst gar nicht getan hat. Und in diesem Sinne übernehmen wir auch Verantwortung für die Geschichte. Nicht, daß wir für die Geschichte haften würden, sondern daß sie uns innerlich beschäftigt, innerlich vor Fragen stellt, die wir uns sonst nicht stellen würden.

Gerade wenn man diese alles andere als selbstverständliche Seite der Verantwortung betrachtet, zeigt sich ganz deutlich, daß die Menschen heute eher sensibler als gleichgültiger reagieren. In Deutschland hätte Daniel Goldhagen nicht wochenlang im Mittelpunkt öffentlicher Debatten stehen und Säle füllen können, wenn sich die Menschen nicht von der Vergangenheit geradezu bedrängt gefühlt hätten. Und der nachhaltige, sogar weltweite Erfolg der gar nicht so einfachen Tagebücher des verfolgten Juden Victor Klemperer zeigt ebenfalls, wie sehr wir bereit sind, uns mit Menschen auseinanderzusetzen, die zu Opfern unserer Großeltern geworden sind.

Der Bundeskanzler Helmut Kohl hat anläßlich eines Israel-Besuchs im Januar 1984 vor der Knesset das Wort von der „Gnade der späten Geburt" gebraucht und damit Empörung ausgelöst. Diese Formulierung war nicht einmal seine Erfindung, vielmehr stammte sie von Günter Gaus, der damit hatte sagen wollen, daß seine Generation nicht in Versuchung geführt worden ist und dafür dankbar sein könne. Das war ein tiefer Gedanke: Auch wir wären nicht besser als unsere Eltern gewesen, hätten wir uns auf ihren Plätzen befunden. Als dieses Wort dem Munde des Kanzlers entwich, bekam es einen neuen Sinn. Jetzt klang es so, als ob sich die Nachkriegsgeneration mit einem Seufzer der Erleichterung zurücklehnen und sich von den Taten ihrer Eltern distanzieren könne. Kohl funktionierte die tiefe Einsicht des Günter Gaus in ein Alibi um. Und wozu Alibis dienen, wissen wir. Mit einem Alibi weist man die Haftung für etwas ab, dessen man beschuldigt wird. Damit aber verfehlte der Kanzler das Lebensgefühl vieler seiner Landsleute und Zeitgenossen, die die Last der Taten ihrer Eltern weiterhin drückt.

Es ist auch kein bloßes Getue, wenn in Deutschland eine erbitterte Auseinandersetzung darum tobt, in welcher Weise der Opfer des Nationalsozialismus angemessen gedacht werden kann. Denn dabei geht es um ein Handeln, das unsere Gegenwart bewußt mit der Vergangenheit verknüpft und damit in die Vergangenheit eingreift. Das klingt erstaunlich, aber man kann sich das leicht klarmachen. Wenn zum Beispiel in einem Museum Bilder von KZ-Insassen gezeigt werden, dann geschieht dies ohne deren Einwilligung. Ganz so, wie sie ja auch nicht danach gefragt worden sind, ob sie gerne in einem Konzentrationslager eingepfercht und dort hungern und möglicherweise zu medizinischen Experimenten mißbraucht werden möchten. All dieses wurden sie nicht gefragt, aber sie wurden fotografiert. Und wer diese Fotos heute betrachtet, setzt sich mit den Opfern in eine Beziehung, die außerordentlich distanziert ist. Gleichsam, als wären die Opfer zum Zeitpunkt der Aufnahme schon nicht mehr von dieser Welt gewesen, oder, schärfer gesagt, als gehörten sie nicht zu uns. Sie werden ein zweites Mal zu bloßen Objekten, diesmal zu Objekten, an denen abgelesen werden soll, was Menschen sich gegenseitig antun können.

Der Blick in die Vergangenheit ist nicht unschuldig. Deswegen wird über die Frage so gestritten, in welcher Weise der Opfer *angemessen* gedacht werden könne. Die Idee, Mahnmale im Rahmen von Ausschreibungen zur Diskussion zu stellen, führt zu einem Wettbewerb, der Verdacht erregt: Geht es den Künstlern wirklich um die Opfer oder nicht doch um eigene Profilierung? Und wie steht es mit den Holocaust-Museen? Werden nicht auch sie unter kommerziellen Gesichtspunkten wie Kunstmuseen geführt? Und welche Motive treiben die Besucher dorthin? Fragen über Fragen. Eine Antwort könnte im Schweigen bestehen. Schweigen wäre demnach die angemessene Form, der Opfer zu gedenken. Aber auch das Schweigen ist zweideutig. Denn zwischen Schweigen und Verschweigen läßt sich schwer trennen.

Nicht nur die Frage nach einer angemessenen Form des Gedenkens wartet auf eine Antwort. Auch die Frage danach, wozu wir überhaupt an die Vergangenheit erinnert werden sollen, führt in Verlegenheiten. „Die Opfer sollen uns mahnen", ist eine der am häufigsten gebrauchten Formulierungen bei Reden an Gedenktagen. Diese Formulierung verrät unsägliche Dummheit. Denn niemand hat die Opfer je danach gefragt, ob sie uns überhaupt mahnen wollen. Wenn wir sie als Mahnung verstehen, werden sie wieder instrumentalisiert, auf daß es uns allen besser gehe. Ganz sicher gibt es Opfer, die ihr eigenes Schicksal durchaus als Mahnung für die Nachgeborenen aufgefaßt wissen wollen. Das sind zum Beispiel Kriegsfreiwillige, die in den Schützengräben eines anderen belehrt wurden. Sie rufen uns zu: „Laßt euch nicht wieder von Kriegsbegeisterung anstecken." Die Juden aber, die nie durch irgendeine Freiwilligkeit in ihr Schicksal getrieben wurden, haben gar nichts, womit sie uns mahnen könnten. Es sei denn, man wolle die Härte, mit der sie sich in Israel behaupten, als Mahnung verstehen, aber dann dienten ihre ermordeten Glaubensbrüder lediglich als Alibi für eine zweifelhafte Politik.

Die Geschichte kann auch nicht in diesem Sinne als Mahnung verstanden werden, daß nach der Erfahrung der Massenvernichtung sich gleiches nicht wiederholen könne, weil die Nachgeborenen die schrecklichen Bilder in ihr Gewissen einbauen. Nach dem Ende des Zweiten Weltkrieges wurde bis heute soviel gemordet, daß es mühsam wäre zu erklären, wo denn die Mahnung von Auschwitz wirksam gewesen sein soll. Gerade die zutiefst schockierten Amerikaner haben zweimal die Atombombe eingesetzt und später den Vietnamkrieg geführt. Das einzige, was sich aus Auschwitz wirklich lernen lasse, formuliert die amerikanische Philosophin Debra Bergoffen, sei, wie man solches in Zukunft noch effizienter in Szene setzen könne.

Deuten alle diese Schwierigkeiten darauf hin, daß wir uns täuschen, wenn wir uns irgendwie für die Vergangenheit verantwortlich fühlen? Wenn wir uns für das schämen, was Menschen getan haben und was Menschen zugestoßen ist? Das ist nicht der Fall, denn die Verantwortung beginnt ja schon damit, daß wir uns wenigstens darum bemühen, eine angemessene Form der Erinnerung zu finden. Und wenn der Deutsche Bundestag ein Gesetz verabschiedet hat, das die Auschwitz-Lüge unter Strafe stellt, dann mag es gewichtige rechtliche Gründe geben, die ein solches Vorgehen nicht gerade in hellstem Licht erscheinen lassen. Aber der Sache nach deutet dieses Gesetz darauf hin, daß die Repräsentanten des Staates sich für ein angemessenes Erinnern verantwortlich fühlen.

Wieweit sind sie es aber wirklich? Ist es Sache des Staates, Denkmäler und Gedenkstätten zu errichten und – nicht zuletzt in den Schulen – zur kollektiven Scham, zur kollektiven Trauer anzuleiten? Zweifel sind erlaubt, lehrt doch die Erfahrung, daß alle Inhalte, die institutionalisiert und pädagogisiert werden, am Ende wie Parodien beim Publikum ankommen. Dennoch gibt es Schulen, und dennoch sind sie sinnvoll. Denn sie geben dem Einzelnen die Möglichkeit, für sich daraus etwas Sinnvolles zu machen. Und die Verantwortung, die der Einzelne für die Geschichte übernimmt, ist etwas sehr Intimes. Es ist eine persönliche Scham, die er empfinden kann, aber nicht muß. Es kann, es muß nicht, seine eigene Würde verletzen, sich vor Augen zu halten, was erlitten und getan worden ist. Der Staat kann dies nicht verordnen, aber er sollte Räume für dieses Empfinden offenhalten. Wie dies geschehen kann, hat Willy Brandt im Jahre 1970 in Warschau mit seinem Kniefall zu verstehen gegeben.

Die Verantwortung für die Geschichte kann absonderlich anmuten. Die banale Einsicht, daß sich Geschichte nun einmal zugetragen hat und sich nicht nachträglich verändern läßt, kann den Gedanken nahelegen, daß die Begriffe Verantwortung und Geschichte nur dann sinnvoll zusammenpassen, wenn jemand für sein eigenes Fehlverhalten haftbar gemacht wird. Damit wäre eine Verantwortung für die Geschichte, in der andere gehandelt haben, ausgeschlossen. Willy Brandts Kniefall hat aber gezeigt, daß es nicht gleichgültig ist, wie der Einzelne sich zur Geschichte in Beziehung setzt. Daher wäre es ganz falsch, Verantwortung nur dort zu sehen, wo Handlungsmöglichkeiten bestehen. Verantwortung wird schon dort aktiviert, wo sich jemand zur Umwelt, und dazu gehört die Geschichte, in Beziehung setzt. Reflexartig urteilen wir, wenn wir von einem Vorgang erfahren, wir versetzen uns in die Menschen hinein, von denen erzählt wird, und wir hoffen und bangen mit ihnen. Das ist ein elementar menschlicher Vorgang, der schon beginnt, wenn Großmutter den Enkeln die ersten Märchen erzählt.

Die Geschichte ist nicht bloß vergangen. Vielmehr ereignet sie sich in jedem Menschen, der sich mit ihr beschäftigt, neu. Und indem sie sich in jedem Menschen neu ereignet, fordert sie zur Stellungnahme heraus, fordert sie dazu heraus, sich selbst in Bezug auf die berichteten Ereignisse zu definieren. Man kann die Phrasen, daß Erinnerung frei mache oder daß nur aufgearbeitete Vergangenheit vor Wiederholung schütze, getrost vergessen. Im Kern geht es darum, daß der Mensch gar nicht anders kann, als sich zu allem irgendwie in Beziehung zu setzen. Das geht schon mit der Grundunterscheidung los: Geht mich an, geht mich nicht an. Wenn mich etwas angeht, dann antwortet etwas in mir, und das Wort Antwort wird landläufig mit dem Wort Verantwortung verbunden. Indem ich auf die Geschichte antworte, werde ich durch die Geschichte geformt. Sie prallt nicht einfach als etwas Gleichgültiges an mir ab. In der Art, wie ich geformt werde, liegt der Kern zukünftiger Handlungen. Insofern stimmt es wieder, daß die Geschichte Einfluß auf die Zukunft hat, aber man sollte sich vor allzu mechanistischen Formulierungen hüten. Vielmehr geht es darum zu erkennen, daß gerade die Verantwortung für die Geschichte den zentralen Punkt der Verantwortung selbst enthüllt: In der Art, wie ich auf meine Umwelt und ihre gegenwärtigen, vergangenen und zukünftigen Ereignisse antworte, bildet sich meine Identität. Indem ich mich auch für Vergangenes schäme, bewährt sich meine Würde. Die Philosophin Annemarie Pieper hat dies einmal in dem lapidaren Satz zusammengefaßt: „Kinder haften für ihre Eltern.“

Verantwortung – ein Illusion?

Die unklare Adresse des Ich

Städte und Kommunen habe sich angewöhnt, in manchen Wohnstraßen mit Hilfe von künstlichen Hindernissen die Einhaltung einer vorgeschriebenen niedrigen Geschwindigkeit zu erzwingen. Diese Methode hat sich international durchgesetzt und sie ist auch nicht Spezialität von Parteien mit rechter oder linker Ausrichtung. In Frankreich heißen die künstlichen Hürden, die jedem Fahrzeug einen empfindlichen Schlag versetzen, wenn es schneller als vorgeschrieben fährt, „ralentisseur", Verlangsamer. Das klingt so, als könne nur nackte physische Gewalt den Fahrer zur Einsicht bringen. Das meinen ja auch die übrigen Hindernisbauer: Anstatt die Einhaltung von Höchstgeschwindigkeiten allein durch die dafür vorgesehenen Überwachungsmethoden zu erzwingen, baut der Staat Barrikaden. Und als ob es nicht selbstverständlich wäre, daß sich jeder Autofahrer an die Vorschriften hält, warnt der Staat an anderen Stellen vor seinen eigenen Radaranlagen. Das wirkt so, als würden die Verkehrs- und Strafverfolgungsbehörden selber der Meinung sein, daß man Geschwindigkeitsbegrenzungen nur dann wirklich ernst nehmen müsse, wenn zusätzlich Hindernisse aufgebaut werden oder auf drohende Messungen hingewiesen wird.

Dieses augenzwinkernde Einverständnis des Staates mit der mangelnden Bereitschaft der Bürger, sich an die Vorschriften zu halten, deutet auf ein fragwürdiges Rechtsverständnis hin. Demnach genügt es nicht, dem Einzelnen klarzumachen, daß es in seiner Verantwortung liegt, sich an die Vorschriften zu halten. Vielmehr wird ihm stillschweigend zugebilligt, daß er das nicht tut. Will man gegen ihn einschreiten, wird er vorher gewarnt. Oder es wird den erlassenen Vorschriften durch Hindernisse Nachruck verliehen. Die Behörden haben sich damit abgefunden, daß die Fähigkeit zur Selbststeuerung – Verantwortung – eher niedrig veranschlagt werden muß.

Mit der Vorstellung vom mündigen Bürger verträgt sich das schlecht. Denn bei dem würde man an die Vernunft appellieren und nicht ständig neue Konzessionen an seine fehlende Einsicht machen. Der Staat selber tut so, als sei es eine Illusion zu glauben, daß der durchschnittliche Mensch bei ganz alltäglichen Dingen wenigstens in dem Sinne eigenverantwortlich handeln könne, daß er sich an Vorschriften hält, die er selbst in den meisten Fällen für richtig hält.

Der Schweizer Kriminologe Martin Killias sieht hierin keinen Grund, am Menschen zu verzweifeln. Er hat eine „Breschentheorie" entwickelt, die plausible Entschuldigungsgründe liefert. Demnach sei es nicht zumutbar, Menschen in komfortablen und schnellen Autos über ausgebaute Straßen zu schicken und gleichzeitig von ihnen zu verlangen, langsamer zu fahren als sie es subjektiv für richtig halten. „Breschen" sind für Killias neue Handlungsmöglichkeiten, die die moderne Gesellschaft bereitstellt: Kommunikation, Reisen, Geldgeschäfte und alle anderen Mittel, die den Handlungsspielraum des Einzelnen erweitern. Mit dieser Erweiterung sind Versuchung und Mißbrauch verbunden, was den Ausdruck „Breschentheorie" erklärt. In den Augen von Martin Killias ist der Mensch heute mehr Versuchungen ausgesetzt, als dies in früheren Zeiten der Fall war, und seine Handlungen können eine größere Wirkung haben, wie das Beispiel des Autofahrens uns täglich vor Augen führt.

Man könne, so argumentiert Killias, nicht überall Naschsachen hinstellen und gleichzeitig sagen: „Ihr dürft aber nicht naschen." Der Vernunft, dem Ich oder wie immer man die Instanz nennen will, die das menschliche Verhalten nach Gründen der Einsicht steuert, wird heute mehr zugemutet als früher. Demnach können die Menschen dem Sog der verführerischen Angebote, der verführerischen Technik nur begrenzt standhalten. Entsprechend militant sind die Anti-Raucher-Kampagnen namentlich in den USA und in Singapur. Während einen dies in Singapur weniger wundert, weil der Staat dort ohnehin in autoritärer Weise seinen Bürgern beibringt, was sie zu tun und zu lassen haben, erscheint dies im freiheitsliebenden Amerika seltsam. Waffenbesitz als Ausdruck der Selbstbestimmung wird nicht angetastet, aber wer zur Zigarette greift, sieht sich größtem Druck ausgesetzt. Und die Zigarettenindustrie wird wie eine kriminelle Organisation behandelt und immer wieder zur Kasse gebeten. Dabei sollte man doch eher erwarten, daß bei der Suchtbekämpfung an die individuelle Verantwortung appelliert wird. Die Droge Nikotin aber scheint das Verantwortungsbewußtsein des Einzelnen so zu lähmen, daß man sie am liebsten verbieten würde und bis dahin auf Schikanen und gesetzliche Einschränkungen setzt. Barrikaden in Wohnstraßen und erschwerter Zugang zum Nikotin haben den gemeinsamen Nenner in der tatsächlichen oder zumindest vermuteten Schwäche jener Instanz, die den Einzelnen verantwortlich handeln läßt.

Das Gewissen und das Ich

Bei dieser Instanz muß man nicht sogleich an das Gewissen denken. Denn wenn einer zu schnell Auto fährt oder zur Zigarette greift, handelt es sich nicht jedesmal um eine Gewissensfrage. Der Einspruch des Gewissens erfolgt erst dann, wenn es sich um schwerwiegende Entscheidungen oder Verfehlungen handelt. Die am weitesten verbreitete Vorstellung vom Gewissen ist die einer inneren Stimme, eines „inneren Gerichtshofes", wie Immanuel Kant formuliert hat. In unseren Zeiten ist diese innere Stimme um ihre Dringlichkeit gebracht worden, indem zu Beispiel behauptet wurde, sie sei nichts anderes als das Gequatsche anerzogener Wertvorstellungen, die die Selbstbestimmung des Einzelnen bloß einschränke. Sigmund Freud sprach von einem Über-Ich, das die argwöhnischen Augen der Eltern, der Kirche und anderer Erziehungsinstanzen beherberge. Souverän sich davon abzusetzen und eigene Maßstäbe zu gewinnen, sei Aufgabe des Ich, das wiederum auch das Grummeln triebhafter Ansprüche des „Es" wahrnehme und sich als Vermittlungsinstanz zwischen Oben und Unten profiliere.

Die Diskussion um die Frage, ob es das Gewissen gibt oder nicht und wie es zu deuten sei, hat zu keinen großartigen Ergebnissen geführt. Sie hat den Kreis der Experten aus verschiedensten Schulrichtungen nicht verlassen und in der Öffentlichkeit zu keinen neuen Einsichten und vor allem: Orientierungen geführt. Vielmehr beobachten wir im alltäglichen Leben, daß sich Einzelne auf ihre Gewissen berufen. In einem politisch liberalem Klima wird eine solche Rückbindung respektiert. Nur in diktatorischen Staaten oder Organisationen muß der Einzelne sich den Vorwurf gefallen lassen, mit dem Wort Gewissen letzten Endes nur seine eigene Querulanz zu meinen. Dann wird es Zeit für eine Gehirnwäsche. Oder andere Druckmittel sollen dem Einzelnen beweisen, daß ihm sein Gewissen etwas Falsches eingegeben hat und es viel klüger sei, auf die offiziellen Stimmen des Parteiapparates oder auch der Firmenleitungen zu hören.

Selbst wenn das Gewissen eine Illusion wäre, so müßte man sagen, daß sie eine verdammt gute Illusion ist, denn spontan sind uns Menschen mit Gewissen lieber als solche ohne. Wenn jemand sagt, er habe kein Gewissen, denn er wisse gar nicht, worum es sich bei einer solchen Einrichtung nüchtern betrachtet handeln solle, dann schrillen die Alarmglocken. Ein solcher Mensch könnte uns Schaden zufügen und verständnislos auf jede Klage darüber reagieren. Und bei genauerer Untersuchung würde man vielleicht feststellen, daß dieser Mensch gar nicht in der Lage ist, sich in uns hineinzuversetzen und nachzuempfinden, was er angerichtet hat. Dieses Beispiel ist nicht aus der Luft gegriffen. Gerichtspsychiater wissen davon zu berichten, daß manche besonders aggressive Gewalttäter hier tatsächlich einen blinden Fleck haben. Sie erinnern an Katzen, die spielerisch Mäuse töten.

Hiermit soll nicht gesagt werden, daß das Gewissen aus der Fähigkeit bestünde, sich in andere Menschen hineinzuversetzen. Daß dies schon alles sei. Vielmehr hat das Gewissen auch mit uns selbst zu tun. Daß wir uns danach fragen, was für uns selbst notwendig ist, um das zu werden, was wir sind, wie das Wort: „Werde, der du bist", uns aufgibt. Da kann es auch notwendig sein, Grenzen zu ziehen, einen anderen Mensch zu verletzen, um seinen eigenen Weg zu gehen. Das Gewissen hat viele Stimmen, und es soll hier nicht darauf ankommen, genau zu definieren, was das Gewissen sei und welche Äußerungen zweifellos Gewissensäußerungen sind und welche nicht. Denn das Problem liegt an einer anderen Stelle.

Es liegt bei dem, was wir als „Ich" bezeichnen und auch Identität nennen können. Was damit gemeint ist, muß man zunächst nicht erklären, denn jeder weiß das sowieso. Jeder erinnert sich schließlich an seine Vergangenheit, und wenn er sie sich vor Augen hält, dann kommt er im wesentlichen als dasselbe „Ich" darin vor, das er heute ist. Oder er hat sich verändert, aber dann kann er sich wenigstens die Geschichte dieser Veränderung erzählen und deuten. Und jeder weiß, was er mag und was nicht, was er kann und was nicht. Veränderungen sind möglich, manchmal sogar erwünscht, aber ebenso wie wir einen Menschen an seinem Aussehen wiedererkennen, haben wir ein Bild von seinen Eigenschaften. Ohne eine solche Konstanz der Personen wäre ein verläßliches Zusammenleben nicht möglich.

Das alles ist zwar gemeint, wenn wir „ich" sagen, aber worin das „Ich" genau besteht, das wissen wir nicht. Wenn wir in uns hineinhorchen, dann hören wir eine Vielzahl von Stimmen. Wir befinden uns mit uns selbst in einer andauernden Diskussion, die sich oft störend auf das auswirkt, was wir gerade machen wollen. Wir wollen einen Brief schreiben, denken aber ständig an einen Film von gestern abend. Wir wollen jemanden anrufen, aber irgend etwas läßt uns zögern. Wir freuen uns auf ein Treffen mit jemandem, aber als es soweit ist, sind wir gehemmt und mißgelaunt, wobei störende Gedanken nur mühsam in den Hintergrund gedrängt werden können. Die Beispiele ließen sich beliebig vermehren, und die Hirnforschung der letzten Jahrzehnte erklärt auch, warum.

Es gibt im Gehirn kein Zentrum, das das Ich oder das Gewissen beherbergen würde. Von großer Bedeutung ist natürlich das Sprachzentrum, aber dieses wird wiederum von anderen Regionen mit Informationen versorgt, die es artikuliert. Diese anderen Zentren, ob sie nun Gerüche verarbeiten, Erinnerungen beherbergen oder Hormone ausschütten, stehen untereinander in Wechselwirkung und üben Einfluß auf das Verhalten des Individuums aus. Man kann das auch ein Chaos nennen, das sich in unserem Kopf befindet. Daß sich die Menschen normalerweise aber nicht chaotisch verhalten, liegt an dem Gleichgewicht, das die unterschiedlichen Zentren miteinander gefunden haben.

„Das Ich ist eine unklare Adresse", sagt der Hirnforscher Detlef B. Linke. Zusammen mit vielen anderen Kollegen macht er darauf aufmerksam, wieviele Instanzen hier zusammenspielen. Seine Untersuchungen an Patienten haben ihm vor Augen geführt, wie stark eine Person gestört sein kann, wenn Teile ihres Gehirns geschädigt sind. Dennoch bleibt sie eine erkennbare Persönlichkeit. Linke berichtet von einer Patientin, die nach einem Eingriff, bei der die Verbindung beider Hirnhälften getrennt wurde, um einen Tumor zu entfernen, keine Liebe mehr für ihren

Freund empfand. Ihre Persönlichkeit hatte sich stark verändert, aber deswegen würde man ihr nicht gleich das „Ich" absprechen. Und dasselbe gilt natürlich für Menschen, deren Sprachzentrum gestört ist oder die Teile ihres Gedächtnisses verloren haben. Wenn, so überlegt Linke, dies alles zu dem gehört, was früher einmal mit Seele bezeichnet wurde, dann müssen wir heute erkennen, daß diese Seele in Raten erkranken oder sterben kann. Wann aber würden wir sagen, daß zuviele Hirnfunktionen beeinträchtigt sind, um noch von einem Ich reden zu können? Man sieht, hier begibt man sich auf dünnes Eis.

Fragwürdige Fürsprache

Noch dünner wird das Eis in den Augen Linkes, wenn moderne Therapiemöglichkeiten genutzt werden. So kann man inzwischen Teile von Hirngewebe transplantieren. Hirngewebe aber ist etwas anderes als ein Computerchip. Anders als dieser enthalten Zellen Informationen, die das Gesamtsystem stören können. Entsprechend könnte ein Mensch, dem etwa Teile von einem Kaninchenhirn eingepflanzt worden sind, unerwartete Handlungen begehen, für die er dann die Verantwortung mit Hinweis auf das fremde Hirngewebe ablehnt. Während also einzelne Störungen im Gehirn es nicht erlauben, einem Menschen das Ich abzusprechen, können neue Einflüsse durch fremdes Gewebe Handlungen – wie zum Beispiel die Nichtbeachtung eines Rotlichts beim Autofahren – provozieren, von der sich der Betreffende dann mit guten Gründen distanziert.

Einige der interessantesten Überlegungen Linkes kreisen darum, daß das Ich nicht nur keinen identifizierbaren Ort im Gehirn hat, sondern auch nicht als in sich geschlossene Einheit eines Individuums betrachtet werden kann. Dazu hat Linke Experimente gemacht, die etwas frivol wirken können. Er hat Patienten, deren Hirn narkotisiert worden war, in der Aufwachphase einen Zettel mit der Aufforderung: „Zeigen Sie Ihre Nase", hingehalten. Die Patienten zeigten zuerst auf das Wort „Nase". Danach deuteten sie auf die Nase von Linke, und erst als sich der Herr Professor noch einmal danach erkundigte, ob es sich dabei wirklich um ihre Nase handele, zeigten sie ihre eigene. Linke deutet dieses Experiment so:

Im Schlafen, im Träumen ist das Ich von der Welt noch nicht klar geschieden. Zuerst wird das Wort „Nase" mit der tatsächlichen Nase verwechselt, dann die fremde mit der eigenen. Erst im dritten Schritt ist man wieder bei sich. Linke sieht hier Parallelen zur Religion. „Am Anfang war das Wort", heißt es bei Johannes. Und der Schöpfungsbericht, nach dem der Mensch aus Lehm gemacht ist, trennt noch nicht zwischen Welt und Ich. Aber man braucht nicht in die ferne Welt der Religionen zu gehen, um festzustellen, daß die Entwicklung des Gehirns stark durch andere geprägt wird. Die Worte der ersten Bezugspersonen prägen es ebenso wie die weiteren Erfahrungen, so daß eine scharfe Trennung zwischen dem Ich und der Umwelt gar nicht möglich ist. Denn es hängt von den Einflüssen der Umwelt ab, welche Zentren sich in welcher Weise entwickeln. Das augenfälligste Beispiel dafür ist die „Muttersprache". So betrachtet, wird die Adresse des Ich noch unklarer, denn sie läßt sich nicht im Gehirn lokalisieren, und das Gehirn hängt in seiner Entwicklung von der Umwelt ab, auf die es reagiert.

Bei der Frage, wie souverän der Einzelne seine Handlungen tatsächlich steuert, geht es nicht um die Wiederauflage der alten Diskussion, inwieweit die Entwicklung durch Erbanlagen oder die Umwelt geprägt wird. Inzwischen hat sich dieser Streit erledigt. Denn gerade die modernen Forschungen der Human- und Naturwissenschaften zeigen die engen Wechselwirkungen zwischen Anlagen und Umwelt. Selbst wenn man von einer Vorherrschaft der natürlichen Anlagen ausginge, trüge eine solche Annahme zur Beantwortung der Frage nach der Souveränität des Ich wenig bei. Denn Genetiker wie Richard Dawkins und in seinem Gefolge etliche Soziobiologen würden erklären, daß das Ich nichts anderes als eine wundervolle Einbildung sei, die lediglich dazu diene, für die maximale Verbreitung der eigenen Gene zu sorgen. Man sagt also Verantwortung, Ich, Gewissen und andere große Worte, und wird dabei nur von den eigenen Genen zwecks Fortpflanzung instrumentalisiert.

Betrachtet man das Zwielicht, in das die Psychologie, Hirnforschung, Soziologie, Biologie und Soziobiologie das Ich eingetaucht haben, so muß man sich fragen, ob „Ich" und „Verantwortung" überhaupt noch sinnvolle Begriffe sind. Und von der Psychiatrie war noch gar nicht die Rede. Hier würde man erfahren, welche zum Teil äußerst geringfügigen Unregelmäßigkeiten im Stoffwechsel die Autonomie eines Menschen dahinschmelzen lassen können wie die Mittagshitze ein verkleckertes Eis am Wegesrand. Kalauernd ließe sich fortfahren: Die Grenzen sind fließend. Seriöser müßte man fortfahren: Ganz ähnlich wie es keinen schlüssigen Gottesbeweis gibt, wird man keinen wissenschaftlichen Beweis für das Gewissen und ein Ich, das Verantwortung wahrnimmt, finden können. Sicher sind bloß die Zweifel.

Als im Herbst 1997 der Münchner Forensische Psychiater Norbert Nedopil vor dem Verband der bayerischen Bezirke Auskunft darüber erteilen sollte, wann ein Sexualstraftäter eine einhundertprozentig sichere Prognose gestellt bekommen könne, daß er sich nicht wieder an anderen Menschen vergeht, antwortete Nedopil: „Meine Herren, wenn Sie einhundertprozentige Gewißheit verlangen, dann dürfte ich keinen von Ihnen frei aus dem Saal gehen lassen, denn auch für Sie könnte ich eine solche Prognose nicht stellen."

Die Öffentlichkeit regt sich leicht auf, wenn Gutachter bei Delinquenten verminderte Schuldfähigkeit feststellen. Umgekehrt nimmt der Einzelne diese für sich selbstverständlich in Anspruch, wenn er zum Beispiel erwartet, vor Radarkontrollen gewarnt zu werden. Nun ließe sich argumentieren, daß man sich selbst gegenüber immer großzügiger ist als gegenüber anderen, und das trifft in diesem Fall sicherlich eine Teilwahrheit. Entgegnen ließe sich, daß man doch wohl nicht von Schuld sprechen könne, wenn jemand zu schnell Auto fährt. Aber dann kommt man in die Schwierigkeit, erklären zu müssen, warum ein gefährliches Verhalten nur deswegen kein schuldhaftes Versagen darstellen soll, weil viele dieselben Fehler machen. Selbstverständlich stellen ein Sexualdelikt oder ein Diebstahl etwas anderes dar als eine Geschwindigkeitsübertretung. Aber hier ist von den fließenden Übergängen die Rede, und da zu schnelles Fahren Menschenleben gefährdet, ein Ladendiebstahl aber nicht, sollte man nicht so tun, als sei eine Geschwindigkeitsübertretung von vornherein ein Kavaliersdelikt.

Der Ladendieb und der Temposünder haben gemeinsam, daß sie Fürsprecher finden: Der Ladendieb, weil er durch die Präsentation der Waren verführt worden ist, und der Temposünder, weil ihn die Straßen und die komfortablen Autos zum Rasen verleiten.

Die Fürsprecher argumentieren entsprechend der Breschentheorie von Martin Killias und übersehen dabei, daß sie durch ihre Fürsprache die Verantwortung herunterreden. Ihre Konzession an die Schwäche des Menschen mag realistisch sein, aber sie bestätigt auf der anderen Seite ein Menschenbild, das sich weit von dem Gedanken eines selbstverantwortlichen, autonomen Subjektes entfernt hat.

Die Erfahrung der Freiheit

Sich frei denken und frei handeln

Tatsächlich handelt die Gesellschaft aber anders, als sie redet. Zwar wird in Strafprozessen nach mildernden Umständen für begangene Taten geforscht, aber nach Ansicht von Kriminologen wie Martin Killias hat dies keine nachhaltige Auswirkung auf die Höhe der Urteile, die schließlich gesprochen werden. Killias ist sich jedenfalls sicher, daß eine – noch ausstehende – einschlägige Untersuchung keinen auffälligen Rückgang der jeweiligen Strafzumessungen ergeben würde. Doch aus Teilen der Presse und der Politik ertönt der Ruf nach noch härteren Strafen. In den USA, dem Land der Psychoanalytiker, will man schon gar nichts davon hören, daß der Straffällige nicht ganz Herr seines Tuns gewesen sei. Hier gibt es einen *common sense* darüber, daß es bei jedem verpfuschten Leben und bei jedem Fehltritt eine Reihe von Entschuldigungsgründen geben mag, daß aber zuletzt der Einzelne für sein Tun zur Verantwortung gezogen werden kann. Wie ein Glaubensbekenntnis hört man diese Ansicht, ob man nun jüngere oder ältere Leute, Strafgefangene oder Polizisten fragt.

Hierbei mag es sich um eine typisch amerikanische Naivität handeln. Schließlich glauben die Amerikaner in ihrer Mehrzahl auch, daß jeder seines eigenen Glückes Schmied sei. Diese Naivität mag mit Selbstgerechtigkeit zusammenhängen. Demnach würden sich die Amerikaner selbst mehr zuschreiben, als ihnen zusteht. Sie hätten Größenphantasien und würden die vielfältigen Abhängigkeiten, die das menschliche Handeln deformieren können, unterschätzen. Auf der anderen Seite wirkt es ziemlich erfrischend, wenn Menschen sich so einschätzen, daß bei ihnen alle Kräfte zur Übernahme von Verantwortung geweckt werden. „Du kannst, denn du sollst", diese Parole der Aufklärung kann wie eine sich selbst erfüllende Prophezeiung wirksam werden. Es ist richtig, daß Menschen sich in vielfältigen Abhängigkeiten befinden, aber wenn sie sich damit identifizieren, wirken sie wie Hypochonder, die gebannt auf alle möglichen Krankheitssymptome starren und darüber das Leben vergessen.

Die Schweizer Philosophin Annemarie Pieper hat auf die Frage, ob wir nicht in unserem Verhalten so weitgehend von äußeren Faktoren bestimmt seien, daß man von Verantwortung nicht wirklich sprechen könne, geantwortet: „Wir sind heute tatsächlich an dem Punkt angelangt, daß wir vor lauter determinierenden Faktoren keinen Freiraum mehr finden. Aber Tatsache ist ja auch, daß wir uns Freiheit zuschreiben. Allerdings haben wir jetzt eine Debatte, in der gesagt wird: ‚Der Mensch ist eigentlich total determiniert und da, wo er sich frei wähnt, ist das auch wieder nur ein Trick der Gene, um den Menschen als Überlebensmaschine zu manipulieren.‘ Aber ich denke, das stimmt nicht überein mit unserem Selbstverständnis, und ich halte diese Frage, inwieweit wir determiniert sind und inwieweit nicht, auch nicht für entscheidbar. Ich finde es wichtig, daß wir uns Freiheit zuschreiben und uns auf dieser Basis überhaupt als humane Wesen verstehen. Und das jetzt als Illusion zu bezeichnen, scheint mir nicht ganz gerechtfertigt zu sein, denn wir rekurrieren ja in allen unseren Handlungszusammenhängen immer auf ein Minimum von Freiheit, denn sonst würden wir sagen: ‚Wir sind im Grunde doch nichts anderes als Tiere.‘ Und ich denke, selbst wenn man weitgehend determiniert wäre, besteht das Menschliche darin, daß man sich dazu verhalten kann. Dadurch würde man die angeblich festgelegten Kausalitäten sogleich verändern, praktisch also Ursachen schaffen, die man durch eigene Zwecksetzungen allererst in die Welt bringt!"

Jeder Mensch, der seine Handlungen steuern kann und beobachtet, was er tut, kann der Beschreibung von Annemarie Pieper etwas abgewinnen. Denn es stimmt, daß man in der Lage ist, durch seine Handlungen ganz unterschiedliche Folgen hervorzurufen, je nachdem, wie man sich jeweils entscheidet. Man kann zum Beispiel den Impuls, auf eine unfreundliche oder sogar aggressive Begegnung selbst entsprechend zu reagieren, unterdrücken. Das sprichwörtliche „entwaffnende Lächeln" setzt andere Handlungsfolgen frei als das Heimzahlen mit gleicher Münze.

Aber hat die Hirnforschung nicht doch Resultate erbracht, die einen ernsthaft an der Freiheit des Menschen zweifeln lassen und die schönen Worte der Philosophin durch die harten Fakten der

Neurobiologen als sympathische, aber leider illusionäre Selbstbeschreibung enttarnen könnten? So haben in den vergangenen Jahren Forschungsergebnisse für Aufregung gesorgt, in denen folgendes deutlich wurde: Die Bewegung eines Fingers, Fußes oder Armes wird in den zuständigen Regionen des Hirns bereits einige Millisekunden vor dem Augenblick eingeleitet, in dem jemand bewußt diesen Finger, Fuß oder Arm bewegen will. Dieses Ergebnis wurde teilweise als empirische Widerlegung der These vom freien Willen gedeutet. Doch diesen Schritt würde ein Wissenschaftler wie der Anatom und Neurobiologe Günter Rager nicht tun. Vielmehr warnt er davor, die Hirnforschung zu überschätzen. Der Grund dafür ist erstaunlich einfach. Denn trotz aller Erkenntnisse über das Gehirn wissen wir wenig über das, was in uns selber, in dem Bereich unserer Selbsterfahrung abläuft.

„Es wäre falsch, die Freiheit immer nur mit voller Bewußtheit in Verbindung zu bringen. Daß so ein Bereitschaftspotential für die plötzliche Bewegung eines Fingers überhaupt entstehen kann, hängt damit zusammen, daß wir Erfahrungen gemacht haben, daß wir schon Handlungsprogramme zum soundsovielten Male entworfen haben und daß diese Prozesse jetzt automatisch generiert werden. Aber irgendwo sind sie doch wieder von mir angestoßen. Also die Tatsache, daß ich mir dieses Bereitschaftspotentials hin und wieder erst nachträglich bewußt bin, bedeutet keine kausale Schwierigkeit, denn die Gründe dieses Bereitschaftpotentials liegen in vorausgehenden Erfahrungen und Handlungsbereitschaften."

Ganz ähnlich argumentiert Rager in Bezug auf das Thema Verantwortung und Gewissen. Es sei, so betont er, bislang nicht gelungen, irgendwelche Zentren im Gehirn zu lokalisieren, in denen das Ich, das Gewissen oder eben auch die Verantwortung angesiedelt wären. „Es ist ein großer Fehler, wenn wir die Erkenntnisse, die wir aus der Hirnforschung gewinnen, gleichsetzen mit dem, was wir in unserer Selbsterfahrung vor uns haben. Was können wir sagen? Wir können nur feststellen, daß bestimmte Prozesse mit irgendwelchen psychischen oder mentalen Vorgängen begleitend verbunden sind, vielleicht auch die Ursache sind, aber wir können mit unseren naturwissenschaftlichen Methoden von daher nicht ableiten, wie die geistigen oder mentalen Prozesse sich erklären." Ganz sicher können sich, das würden wohl alle Neurobiologen, Neurochirurgen und natürlich auch Psychiater betonen, durch funktionelle Störungen Handlungen verselbständigen. Aber der Umkehrschluß wäre falsch, daß es ein „Gewissenszentrum", ein „Verantwortungszentrum" gäbe, das sich zum Beispiel mit dem Sprachzentrum vergleichen ließe. „Über die Repräsentation des Selbst, der Person und auch des Gewissens haben wir von der Hirnforschung her überhaupt keine Vorstellung. Man zieht sich heute weitgehend – vor allem in den Kreisen der Reduktionisten – darauf zurück, daß man sagt, es sei alles vernetzt, es handele sich um große Schaltkreise, die miteinander in Oszillationen stehen. Damit hat man eigentlich nichts gesagt. Man hat nur gesagt, daß das ganze Gehirn aktiv ist, und das muß auch so sein, damit ich als Person existieren kann. Aber eine Vorstellung davon, wie ein Selbst oder die Stimme des Gewissens im Gehirn physiologisch realisiert sein könnte, hat man überhaupt nicht."

Allen Einwänden und Problemen zum Trotz läßt sich die Möglichkeit nicht ausschließen, daß der Mensch frei und verantwortlich handeln kann. Allein die Tatsache, daß sich diese Möglichkeit nicht zweifelsfrei bestreiten läßt, hat weitreichende Konsequenzen. Denn eine Sicht des Menschen, die ihn wie einen Automaten erscheinen läßt, geht am modernen Wissen vorbei. Der Mensch ist keine „triviale Maschine", wie der Kybernetiker Heinz von Foerster jene Apparate genannt hat, die auf eine bestimmte Eingabe genau das tun, was sie tun sollen und was von ihnen erwartet wird. Es gibt beim Menschen allerdings Wahrscheinlichkeiten, die sein Verhalten vorhersagbar machen. Das ist gut so, denn wäre es anders, gäbe es keine Verläßlichkeit. Aber auch bei größter Verläßlichkeit zeigt sich, daß jeder Mensch einmal anders als erwartet handeln kann. Er kann sich aus irgendwelchen Gründen dafür entscheiden, einmal nicht die Erwartungen zu erfüllen und zum Beispiel unpünktlich zur Arbeit zu kommen. Bei einem verläßlichen Menschen nehmen wir dann allerdings an, daß er dafür einen schwerwiegenden Grund hat.

Die relative Konstanz menschlichen Verhaltens bietet Ansatzpunkte für Manipulation. Von der Rhetorik bis zur kommerziellen Werbung, von der sexuellen Verführung bis zur Ausübung von Druck reichen die zahlreichen Techniken, um zum Ziel zu kommen. Manchmal staunt man darüber, wie einfach es ist, Menschen mit ein paar Reizworten in Wut oder Begeisterung zu versetzen. Und Werbefachleute können ihre Tricks kühl kalkulieren. Unterboten werden sie nur noch von jenen Politikern, die seit Jahrzehnten mit denselben Parolen vor ihren angeblichen Gegnern warnen und den Untergang des Vaterlandes für den Fall ihrer persönlichen Wahlniederlage an die Wand malen. Doch sind die dröhnenden Worte jenen leisen, halb ausgesprochenen Drohungen vorzuziehen, die Diktatoren benutzen. Ihnen stehen ganz andere Druckmittel zur Verfügung. Aber auch hier gilt: Es gibt immer wieder Menschen, die Versuchungen ebenso widerstehen wie Erpressungen, und niemand kann sich des Erfolges seiner Manipulationsversuche restlos sicher sein.

Es ist deswegen keine Illusion, wenn Menschen sich als frei empfinden und entsprechend zu handeln meinen. „Freiheit verteidigt man, indem man sie benutzt", sagte einmal der Physiker und Philosoph Carl Friedrich von Weizsäcker. Dieses Wort ist tiefer, als es beim ersten Hören erscheint. Man kann die Freiheit für sich reklamieren, man kann also behaupten, sie zu besitzen, man kann sie besingen und feiern, aber erweisen kann sie sich immer erst in der freien Handlung, der freien Entscheidung. Freiheit bringt sich selbst hervor, sie entsteht, indem sich jemand frei verhält. Sie ist ein Vorgang, kein Besitz.

In der Freiheit sieht der Soziologe Ulrich Beck eines der wichtigsten Kennzeichen unserer Zeit. In dem Maße, wie Traditionen an Verbindlichkeit verlieren und die Menschen sich aussuchen können, mit welchen Zeitgenossen sie weltweit kommunizieren wollen und mit welchen nicht, steige die Zahl der Wahlmöglichkeiten. Jeder könne sein Leben selbst entwerfen, meint Beck, und manche seiner Rezensenten schaudern vor soviel Optimismus zurück. Denn auf der anderen Seite sehen wir massivste Zwänge, die in Zeiten der Massenarbeitslosigkeit, leerer Staatskassen, unsicherer Altersversorgung und zunehmender ethnisch begründeter Gewalt nicht gerade zum Jubel über ein neues Zeitalter Anlaß geben. Aber es hat niemand behauptet, daß Freiheit sich nur dort erweise, wo der Einzelne konfliktfrei und ohne ernsthafte Entscheidungsprobleme seines Weges ziehen kann.

Vielmehr zeigt sich Freiheit gerade in jenen *Konflikten*, die mit gesteigerten Wahlmöglichkeiten größer werden. Als die pränatale Diagnostik in den 80er Jahren an Bedeutung gewann, warnten Kritiker mit Recht davor, daß sich dadurch die Einstellung zum werdenden Leben vollständig verwandeln würde. Bevor ein Kind geboren werde, unterliege es schon gesundheitlicher Beurteilung und werde bei negativem Befund buchstäblich verworfen. Die Qualitätskontrolle im Mutterleib habe zudem zur Folge, daß sich die Gesellschaft weniger als früher mit behinderten Leben auseinandersetze und die Intoleranz wachse. Es könne, so die düstere Warnung, eines Tages soweit kommen, daß es keine Behinderten mehr gebe, weil die Mütter unter Druck gesetzt würden, nur noch gesunde Kinder zur Welt zu bringen. Und auch hier würden die Anforderungen immer weiter steigen; schon kleinste gesundheitliche Defekte könnten eines Tages als nicht mehr hinnehmbar angesehen werden.

Während die Kritiker ihre Argumente vortrugen, etablierte sich die Ultraschalluntersuchung in den Praxen der Gynäkologen. Sie wurde zu einem selbstverständlichen Diagnoseinstrument bei der Untersuchung von Schwangeren. Schon nach kurzer Zeit fingen die meisten Frauen an, dieses Mittel zu schätzen und nachzufragen. Der Blick auf das werdende Kind gehört heute zum Schwangerschaftserlebnis. Ebenso gehören genetische Abklärungen heute zum diagnostischen Alltag der Gynäkologen, und fast könnte man das Gefühl bekommen, als seien die Diskussionen der 80er Jahre verklungen wie die ersten Bedenken gegen die Eisenbahn.

In manchen christlichen Kreisen allerdings wird durchaus noch die Skepsis gegen die pränatale Diagnostik gepflegt. Auch auf ärztlicher Seite gelten noch nicht alle Fragen als beantwortet. Die Gynäkologen selbst diskutieren zum Beispiel über die Frage, ob sie nicht auf Geschlechtsbestimmungen dann verzichten beziehungsweise nicht bekanntgeben sollen, wenn diese von den Eltern zum Kriterium für eine mögliche Abtreibung gemacht werden. Oder sie denken darüber nach, wie sie reagieren sollen, falls Krankenkassen eines Tages pränatale Pflichtuntersuchungen einführen sollten, um von sich aus Abtreibungen im Falle von Behinderungen zu verfügen.

Insgesamt aber ist es erstaunlich ruhig um dieses Thema, und mit ein bißchen bösen Willen könnte man darin eine schleichende Orwellisierung unserer Gesellschaft erblicken. Demnach wäre es eben so, daß der „große Bruder" in immer mehr Bereiche unseres Lebens Einblick nimmt, sie reglementiert, und die einzelnen Menschen gar nicht mehr willens und in der Lage sind, ihre vitalen Widerstandskräfte zu mobilisieren. Sie führen ihr Leben nach den Vorschriften großer Organisationen und achten schon selber darauf, keine unnötigen Kosten zu verursachen oder gar Schwierigkeiten zu machen. Die Menschen werden genormt und finden das auch ganz in Ordnung.

Der Kern solcher Befürchtungen liegt darin, daß die Gesellschaft ihre Ansprüche an den Einzelnen immer mehr ausweitet. So kann verworfen werden, wer nicht schon vor seiner Geburt ein Tauglichkeitszeugnis erhalten hat. Was früher einmal Schicksal war, ist in die Verfügungsgewalt der Menschen geraten, und damit hat der Behinderte seine Unschuld verloren: Seine Eltern haben entschieden, daß er zur Welt kommen soll. Schon heute berichten Behinderte von entsprechenden Kommentaren, die sie sich anhören müssen. Und man sage nicht, Eltern könnten dem Entscheidungsdruck ausweichen, indem sie auf die pränatale Diagnostik verzichteten. Denn der Verzicht selbst ist wiederum die Folge einer *Entscheidung*. Der Schweizer Philosoph Beat Sitter-Liver sagt entsprechend, daß sich der Einzelne den heutigen Mitteln der Medizin – wie auch anderer Techniken – kaum noch entziehen könne. Sie ragen so tief in unseren Alltag hinein, daß ein Verzicht darauf immer schon wie bloßer Trotz, wie ein hilfloser und sinnloser Protest wirkt.

Auf den ersten Blick scheint es so, als ob die Pränataldiagnostik die Freiheit einschränke. Aber das genaue Gegenteil ist richtig. Sie erweitert die Freiheit. Deswegen stößt sie ja trotz aller Kritik bei einer Mehrheit der Bevölkerung auf Zustimmung. Um Verantwortung wahrzunehmen, braucht man Wissen. Und am besten ist ein Wissen über zukünftige Entwicklungen und Ereignisse. Dann kann man sich im vorhinein entscheiden, welche Perspektiven man für sich akzeptieren kann und welche nicht. Entsprechend haben Paare die Möglichkeit zu entscheiden, welche Bedingungen ihr werdendes Kind erfüllen muß, um von ihnen gewollt und angenommen zu werden. Aber diese neu gewonnene

Freiheit ist mit Widerhaken versehen, die einen das Fürchten lehren können.

Der Haupteinwand gegen die pränatale Diagnostik zielt darauf, daß die „Therapie" eines kranken Embryos in der Abtreibung besteht. Heilungen im Uterus bilden heute eher die Ausnahme. Schwerwiegende Fragen an das Menschenbild und die Menschenwürde müssen infolgedessen gestellt werden. Hat nur der ein Lebensrecht, der nicht behindert ist? Und wer sich der Meinung anschließt, daß es richtig sei, behindertes Leben gewissermaßen schon im Keim zu ersticken, der muß sich nach seiner Einstellung gegenüber real existierenden Behinderten fragen lassen. Diese hat sich in breiten Teilen der Bevölkerung in den letzten zwei Jahrzehnten verändert. Behinderte werden heutzutage von manchen Zeitgenossen als etwas doppelt Negatives betrachtet: In ihren Augen erscheint nicht nur die Tatsache ihrer Behinderung als Unglück, sondern auch das Faktum ihrer Existenz als ärgerlich. Denn es müßte sie ja gar nicht mehr geben, diese Behinderten.

Jeder Trend erzeugt allerdings einen Gegentrend. Während ein Teil derartig abschätzig denkt, erkennen andere die Verpflichtung, für Behinderte mehr zu tun als früher. In dieser Einstellung steckt – bewußt oder unbewußt – eine unwidersprechbare Logik. Denn Behinderungen befallen nicht allein werdendes Leben und können entsprechend eliminiert werden. Unfälle beeinträchtigen Menschen ebenso wie Krankheiten, und wenn man genau überlegt, dann erkennt man schnell, daß der Umgang mit Behinderungen einen Maßstab für die Humanität einer Gesellschaft liefert. Die Stärke einer Gesellschaft zeigt sich daran, wie sie mit den Schwachen umgeht. Es ist inhuman, wenn keiner mehr schwach und hilflos sein darf in dieser Gesellschaft.

Der Widerhaken an der neu gewonnen Freiheit besteht darin, daß die pränatale Diagnostik zu einer schleichenden Dehumanisierung führen kann. Entsprechend würde gedankenlos behindertes Leben im Anfangsstadium aussortiert. Es ist nur eine Frage der Zeit, wann sich die Begehrlichkeiten der Versicherungen artikulieren. Jedenfalls ist es in den USA jetzt schon so, daß einzelne Gesellschaften im Falle von Behinderungen, die bei Embryonen oder Föten festgestellt werden, die Haftung für die gesundheitliche Versorgung ablehnen. Die Mütter werden also zur Abtreibung gezwungen. Aus der Freiheit, sich für oder gegen ein behindertes Kind entscheiden zu können, entsteht auf diese Weise der Zwang, sich den Erpressungen von Versicherungen fügen zu müssen.

Wir können diesen Mechanismus am Beispiel der Sterbehilfe in genau derselben Weise wie bei der pränatalen Diagnostik beobachten. Aus der vernünftigen Überlegung, daß es zur Freiheit des Menschen gehört, selbstverantwortlich darüber zu entscheiden, wann er sein Leben als beendet betrachten will, wird unter der Hand ein Horrorszenario: Da geht es dann nicht mehr um die Würde des Sterbenden, sondern um Gesundheitskosten. Bekanntlich hat Margaret Thatcher im Vereinigten Königreich durchgesetzt, daß Patienten über 60 Jahre keine Nierentransplantation bekommen und auch keine Zugang zu Dialysegeräten haben. Tony Blair hat daran nichts geändert und damit auf seine Weise unterstrichen, daß Margaret Thatcher in vielen Fällen gesellschaftliche Trends bloß artikuliert und verstärkt hat. In diesem Fall besteht der Trend darin, auf vormoderne Praktiken im Umgang mit alten Leuten zurückzugreifen. In Japan jagte man sie in früheren Zeiten bei knapper Nahrung fort, damit sie ungesehen verhungern konnten. Und auf den europäischen Bauernhöfen wurde ihnen als unnützen Essern nicht jener Respekt zuteil, die der christliche Katechismus forderte.

Es gibt Ethikerinnen, die in der pränatalen Diagnostik einen Akt der Aggression sehen, der in der Abtreibung seinen schärfsten Ausdruck findet. Demnach würde die Aggression in einer Dominanz der Medizin über die Empfindungen der Mütter und den Ansprüchen des werdenden Lebens bestehen. Beim Thema der Sterbehilfe ist es umgekehrt. Da liegt die Aggression in der Verweigerung weiterer Therapie. Beidesmal von Aggression zu sprechen und sie der Medizin zuzuschreiben, ergibt keinen Sinn. Denn entweder ist ein Zuviel an Medizin aggressiv oder ein Zuwenig. Zuviel Medizin und zuwenig Medizin können nicht jedesmal gleich aggressiv sein. Der gemeinsame Nenner der Aggression muß also woanders gesucht werden. Er liegt in der Einstellung zu Beeinträchtigungen.

Schnell ist der Vorwurf formuliert, unsere Gesellschaft habe falsche Ideale von einem möglichst unbeschwerten Leben, sei zu ungeduldig mit allem, was mehr Zuwendung als der Durchschnitt brauche und könne überhaupt schlecht mit Krankheit und Sterben umgehen. Solche allgemeinen Redensarten helfen aber nicht weiter. Sie tun den nicht wenigen Menschen Unrecht, die sich tagtäglich mit Kranken, Behinderten und Sterbenden aufopferungsvoll beschäftigen – und dies zum Teil freiwillig. Der Erfolg der Literatur zu diesen Themen hat die Marketingfachleute in den Verlagen immer wieder überrascht und belegt, daß trotz gegenteiliger Behauptung und Erwartung eine starke Bereitschaft besteht, sich ernsthaft mit den Schattenseiten des menschlichen Lebens auseinanderzusetzen. Dennoch läßt sich der Eindruck nicht von der Hand weisen, daß zumindest eine starke Versuchung vorhanden ist, das unvollkommene, behinderte oder leidende Leben wegzurationalisieren.

Das ist verständlich. Denn die Vorstellungen, die mit Krankheit und Tod verbunden sind, lösen natürlicherweise Angst aus. Und so kann man es Paaren nicht verdenken, daß sie sich gesunde Kinder wünschen und behinderte ablehnen. Der Fehler liegt allerdings darin, daß sie sich selber eine Tür versperren, wenn sie nicht zumindest die Möglichkeit ernsthaft prüfen, ob sie nicht auch mit einem behinderten Kind leben könnten. Wir weichen alle instinktiv vor Herausforderungen zurück, die wenig attraktiv sind und uns an unsere Grenzen führen. Fragt man aber Menschen, denen solches widerfahren ist, dann sagen sie oft, daß sie sich gerade wegen einer solchen Erfahrung innerlich bereichert fühlen. Der Mensch muß in manchen Fällen eben zu seinem Glück gezwungen werden. Daher ist es nur zu verständlich, daß manche Paare ganz bewußt auf pränatale Abklärungen verzichten, um nicht in Versuchung geführt zu werden, eine Entscheidung zu treffen, die sie menschlich überfordert.

Diese Überforderung markiert die Tatsache, daß die Ausweitung medizinisch gewonnen Wissens uns das Leben nicht automatisch leichter macht. Da wir dem Schicksal in die Karten sehen können, müssen wir Entscheidungen treffen, die uns früher erspart geblieben sind. Deswegen gibt es auch ein „Recht auf Nichtwissen". Dieses besagt, daß ein Mensch die Aufklärung über eigene genetische Dispositionen oder eben über den zu erwartenden Gesundheitszustand seines Kindes verweigern kann. Er möchte seine Unbefangenheit behalten, die nur so lange gewahrt wird, wie er nicht schon weiß, worin das Spiel in der nächsten Runde besteht.

Doch diese Unbefangenheit ist künstlich. Man verzichtet auf ein Wissen, das man haben könnte. Dient es der Wahrnehmung von Verantwortung, wenn man bewußt die Augen verschließt? Es gibt allerdings noch einen weiteren Grund dafür, das Nichtwissen der Aufklärung durch eine pränatale Diagnostik vorzuziehen.

Nehmen wir an, ein Paar erfährt von der Behinderung des erwarteten Kindes. Es entscheidet sich gegen eine Abtreibung. Bereits durch das vorherige Wissen von der Behinderung hat sich diese verändert. Denn jetzt kann es passieren, daß sich das Paar in der Konfrontation mit den Schwierigkeiten eines behinderten Kindes im Stillen fragt, ob es nicht doch besser anders entschieden hätte. Vor den Zeiten der pränatalen Diagnostik hat es eine solche Frage nicht gegeben. Heute gibt es sie, und dadurch wird die pränatale Diagnostik zum Schicksal. Denn sie greift unausweichlich und wie eine fremde Macht in das Lebensgefühl von Eltern ein. Im Falle der bewußten Annahme eines behinderten Kindes wiegt die Verantwortung schwerer als in Zeiten, zu denen Behinderungen prinzipiell erst nach der Geburt erkennbar waren.

In der Diskussion über die Verantwortbarkeit von medizinischen Diagnosen mit einem langfristigen Vorhersageeffekt sollte der Punkt stärker beachtet werden, daß die Vorhersage selber schon das Leben massiv verändern und beeinträchtigen kann. So ist Chorea Huntington eine besonders heimtückische Krankheit, die inzwischen vorgeburtlich durch genetische Abklärung diagnostiziert werden kann. Wer eine entsprechende Disposition besitzt, muß mit einer Wahrscheinlichkeit von fünfzig Prozent damit rechnen, etwa im Alter zwischen dreißig und vierzig Jahren vom „Veitstanz" heimgesucht zu werden, also seine Kontrolle über sich zu verlieren. Den Eltern eines solchen noch nicht geborenen Kindes wird eine unlösbare Aufgabe gestellt. Treiben sie nämlich das Kind allein wegen dieser Diagnose ab, tun sie so, als ob dreißig oder vierzig Lebensjahre ohne Beeinträchtigung – die Krankheit bricht erst nach diesem Zeitraum aus – nichts wert wären. Und außerdem gibt es eine Chance zu fünfzig Prozent, daß es nie zu dieser Erkrankung kommt. Ist das auch nichts wert? Umgekehrt gibt es aber auch schwerwiegendste Probleme. Angenommen, die Eltern lassen das Kind zur Welt kommen und es wächst so normal auf, wie es erwartet werden konnte. Eines Tages will es heiraten. Verschweigen die Eltern dem künftigen Lebenspartner ihr Wissen um die Möglichkeit einer solchen Krankheit, handeln sie nicht nur verantwortungslos, sondern geradezu betrügerisch. Offenbaren sie aber ihr Wissen, so kann ihnen ihr Kind mit Recht vorhalten, daß sie ihm Lebenschancen ruiniert hätten.

Beispiele dieser Art gibt es nicht nur in der pränatalen Diagnostik. Aus den USA wird berichtet, daß Firmen zunehmend die Gesundheit von Stellenbewerbern mittels Genanalysen überprüfen lassen. Ganz offensichtlich läuft die Entwicklung dahin, immer genauer die Zukunft von Menschen auszuleuchten, um aus den daraus gewonnenen Erkenntnissen Konsequenzen schon in der Gegenwart zu ziehen. Nicht nur Firmen handeln so; jeder einzelne Mensch würde es ähnlich machen. Wenn wir zum Beispiel wüßten, mit welchem Freund wir uns ganz sicher eines Tages überwerfen werden, würden wir schon jetzt die Einladungslisten verändern. Und eine Liebschaft lebt geradezu davon, daß das Ende der Liebe im Dunkeln liegt.

Bei der Erörterung neuer medizinischer Diagnosemethoden muß daran gedacht werden, daß der Mensch ein widersprüchliches Wesen ist. Einerseits möchte er in die Zukunft schauen, andererseits braucht er für seine Unbefangenheit die Abschattung des vor ihm liegenden Horizontes. Von Orakeln und der Sterndeutung unterscheidet die medizinische Prognose das höhere Maß an Festlegung und Bindung; sie ist unerbittlicher. Und vollends gefährlich wird sie, wenn sich wirtschaftliche Interessen in ihre Auswertung einmischen. Wenn gesagt wird, Behinderte verursachten nur Kosten und würden nichts bringen. Oder wenn klar ist, daß eine Therapie viel Geld verschlingen, aber nicht zu einer wirklichen Heilung führen wird. Auch da stellt sich die Versuchung ein, ökonomische Gesichtspunkte in die Therapieentscheidungen einfließen zu lassen und somit gute Gründe zu haben, den hippokratischen Eid als bloßes Relikt der Vergangenheit erscheinen zu lassen. Die guten Gründe würden schlicht in der Überlegung bestehen, daß keine Gesellschaft reich genug ist, um unbesehen Geld in aussichtslose Therapien zu stecken. Demnach würde ein Arzt verantwortungslos handeln, wenn er Geld ineffizient ausgibt.

In den USA hat man folgende Überlegung angestellt: Hundert Dollar, die für die Therapie eines alten Menschen ausgegeben werden, helfen – wenn überhaupt – nur einem Menschen. Dieselbe Summe wird ungleich wirkungsvoller für die Behandlung Jugendlicher oder präventive Maßnahmen eingesetzt. Denkt man weiter, müßte man zu folgendem Schluß kommen: Jeder verantwortungsvolle Mensch muß, wenn er eine schlechte Prognose hat, jede teure Behandlung ablehnen, damit keine medizinischen Ressourcen verschwendet werden. Demnach wäre es geradezu vernünftig, wenn Versicherungen dazu übergingen, die Leistungen für alte Menschen ebenso einzuschränken wie für Behinderte. Außerdem könnten sie Kinder dafür prämieren, daß diese ihre Eltern für den Gedanken der freiwilligen Beendigung des Lebens gewinnen. Natürlich dürften solche Prämien in keiner Tabelle erscheinen, denn das erschiene doch als reichlich geschmacklos. Es genügte, daß jeder von den freundlichen Telefonaten weiß, in denen ein Versicherungsangestellter von dem Streß, dem Leid und dem Druck spricht, die nun dank der vernünftigen Worte der Kinder ein Ende haben und daher ein Urlaub wohlverdient sei …

Wie gesagt, so etwas ginge nur hinter vorgehaltener Hand, denn noch können wir uns unsere Gesellschaft nicht so vorstellen, daß sie ganz offen Kosten-Nutzen-Analysen von Behinderten und der Behandlung Schwerstkranker anstellt. Ein Rest von der Ahnung, daß Menschenwürde sich nicht in Mark und Pfennig ausdrücken läßt, schwingt bei uns noch mit. Aber man merkt schon, daß sich die Waage bedenklich in die Richtung neigt, die den Menschen auf einen ökonomischen Faktor reduziert. Da die Ökonomie zum beherrschenden Denkmuster unserer Zeit geworden ist, erscheint dies als plausibel. Die Verteidigung der Menschenwürde erfordert dagegen einen höheren argumentativen Aufwand. Das weiß jeder, der sich einmal für Behinderte oder Sterbende eingesetzt hat.

Relativ einfach ist es, darauf hinzuweisen, daß kein Mensch sich als bloßen Kostenfaktor sieht oder so betrachtet werden möchte. Das elementare Bedürfnis danach, als Person wahrgenommen zu werden, spricht eindeutig dagegen. Niemand möchte allein wegen seines Geldes geliebt werden. Entsprechend erwartet jeder Patient vom Arzt eine Zuwendung, die ihm gilt und nicht allein seinem Krankenschein. Man erkennt dies leicht daran, daß Patienten gern davon erzählen, daß der Arzt etwas Persönliches zu ihnen gesagt habe, also etwas, das über die bloße Behandlung hinausgegangen ist.

Die Spannung zwischen der Knappheit finanzieller Mittel für Therapien und dem Wunsch nach optimaler medizinischer Versorgung läßt sich nicht auflösen. Der Hinweis auf die Knappheit kann zum Zynismus im Einzelfall führen. Der Anspruch auf grenzenlose Therapie überfordert die Möglichkeiten der Gesellschaft. Allerdings sollte man bedenken, daß solche Ansprüche nicht vom Himmel fallen, sondern im Schoße derselben Gesellschaft erzeugt werden, die sie am Ende nicht mehr bezahlen kann. Deswegen müssen sich Pharmaunternehmen und Wissenschaftler fragen lassen, ob sie eigentlich verantwortlich handeln, wenn sie mit ihren neuen Produkten und Behandlungsmöglichkeiten immer neue Begehrlichkeiten wecken. Die Antwort, die man bisher gegeben hat, ist inzwischen zu ungenau geworden: Daß die Therapie einer Krankheit in jedem Falle besser sei als die Kapitulation vor ihr. Solange die Medizin, gemessen am heutigen Stand, wenig konnte, war diese Antwort zutreffend. Jetzt ist das aber nicht mehr der Fall, denn wenn es nach der Dynamik medizinischer Forschung und der Ausweitung der Behandlungsmöglichkeiten ginge, würde die Gesellschaft immer mehr zu einem Krankenhaus. Sie muß sich also insgesamt dafür entscheiden, wo sie Grenzen ziehen will.

Das Gleiche gilt für die Frage nach der pränatalen Diagnostik und den daraus folgenden Konsequenzen. Frei handelt der, der ihre Mittel für sich in Anspruch nimmt und souverän darüber entscheidet, ob er bereit ist, möglicherweise auch mit einem behinderten Kind zu leben. Dazu muß er seine eigenen Grenzen sorgsam betrachten. Das ist auf jeden Fall menschlicher als die schematische Entscheidung: Ein behindertes Kind kommt uns nicht ins Haus!

Die Verantwortung des Wissenschaftlers

Die Entschlüsselung der menschlichen Erbsubstanz ist das gegenwärtig heikelste Problem der Biowissenschaften und der Medizin, denn es rührt an letzte Tabus. Schon die Frage nach der Zulässigkeit der Forschung an Ungeborenen läßt sich auf europäischer Ebene nicht mehr einheitlich beantworten. Während in England diese Frage juristisch und politisch bejaht wird, verbietet in Deutschland das Grundgesetz eine Forschung, die dem jeweiligen Embryo oder Föten nicht dienlich ist. Nach deutscher Rechtsauffassung liegt hierin ein Verstoß gegen die Menschenwürde und das Recht auf Unversehrtheit. Wie weit die moderne Biomedizin diese Begriffe noch aushöhlen wird, muß sich erst noch erweisen. Vielleicht sind unsere zentralen ethischen Begriffe eines Tages für die nachfolgenden Generationen so mythisch wie für uns die griechischen Götterwelten.

In früheren Zeiten sprach man überwiegend von den Gefährdungen, die mit wissenschaftlich-technischen Entwicklungen einhergehen. Dieses Thema ist zwar bis heute aktuell. Man denke nur an die Probleme, die die Atomphysik in die Welt gesetzt hat: von atomaren Sprengsätzen bis zu Kernkraftwerken. Aber es hat sich ein weiterer Konfliktstoff hinzugesellt. Die Entschlüsselung der menschlichen Erbsubstanz ist in vollem Gange. Schon werden Patente auf gentechnisch veränderte Tiere und Pflanzen angemeldet. Gensequenzen des Menschen werden zumindest in Europa nicht patentiert werden, denn die Straßburger Bioethikkonvention verbietet ebenso wie die Rechtsprechung der einzelnen europäischen Länder eine Veränderung der Erbsubstanz. Ausgenommen ist allerdings eine Veränderung der genetischen Programme von Individuen, um an einem einzelnen Patienten eine Krankheit zu bekämpfen. Da öffnet sich ein weites Feld, und wir können gewiß sein, daß wir erst am Anfang einer komplett neuen Medizin stehen.

Optimismus verbindet sich mit dieser Aussicht allerdings nicht, denn inzwischen hat die Öffentlichkeit gelernt, daß es Fortschritt nur um den Preis neuer Probleme geben kann. Und so stellt sich die Frage, ob es überhaupt zu verantworten ist, die Forschung am Menschen auszuweiten. Der Biochemiker und Essayist Erwin Chargaff, der selbst die Grundlagen zur Entschlüsselung des menschlichen Erbgutes gelegt hat, bezweifelt heute, daß die Forschung mehr Probleme löst als sie schafft. Chargaff hat das allerdings erst gesagt, nachdem er pensioniert worden war, und böse Zungen behaupten, daß seine ganze Kritik an der Wissenschaft Ausdruck seiner Enttäuschung darüber sei, nicht mit dem Nobelpreis ausgezeichnet worden zu sein. Trotzdem beleuchten die sarkastischen Betrachtungen von Erwin Chargaff in unnachahmlicher Schärfe das Kernproblem: Tragen Wissenschaftler aufgrund der Tatsache, daß ihre Forschungsergebnisse die Welt in vielfältiger Hinsicht verändern, eine besondere Verantwortung?

Der Physiker und Philosoph Bernd-Olaf Küppers, der sich mit Fragen der Lebensentstehung beschäftigt hat, bestreitet dies vehement. Ein Wissenschaftler besitze keine höhere Kompetenz als der ganz normale Bürger, wenn es um die Frage gehe, welche Forschungsergebnisse die Gesellschaft für sich nutzen wolle und welche nicht. Die ethische Verpflichtung des Wissenschaftlers bestehe allerdings darin, offen und ehrlich seine Forschungsergebnisse vorzulegen, also umfassend zu informieren, damit die Gesellschaft über die Auswertung und Nutzung sachgemäß entscheiden könne. Und um die letzte Konsequenz aus seinen Überlegungen zu ziehen, fordert Küppers für die Grundlagenforschung insofern einen ethischen Freiraum, als der Staat hier überhaupt nicht normierend eingreifen solle. Der Grund dafür ist leicht einzusehen: Ethisch normiert werden kann nur etwas, was man kennt. Die Grundlagenforschung aber stößt in zum Teil völlig unbekannte Gebiete vor. Im vorhinein festlegen zu wollen, was dabei erlaubt und nicht erlaubt sei, erscheint einem Wissenschaftler wie Bernd-Olaf Küppers, der über jahrzehntelange praktische Forschungserfahrung verfügt, als abenteuerlich, wenn nicht sogar als unethisch. Denn zur Ethik gehöre Wissen, sagt er, und wer auf Wissen verzichte, beschneide künstlich seine Handlungskompetenz, was sicherlich nicht als besonders verantwortungsvoll bezeichnet werden könne.

Ein anderer Physiker und Philosoph, Klaus Michael Meyer-Abich, behauptet dagegen, daß der Versuch einer verantwortungsvollen Diskussion zu spät unternommen würde, wenn die Forschungsergebnisse bereits da seien. Dann würden die politischen und ökonomischen Kräftefelder die Ergebnisse dahin ziehen, wo es den herrschenden Interessen genehm sei. Wissenschaftler bekämen immense Forschungsgelder zur Verfügung gestellt, und da sei es doch geradezu absurd, wenn sie für sich in Anspruch nähmen, erst einmal forschen zu können, ohne Rechenschaft abzulegen. Die ganzen letzten Jahrzehnte hätten doch immer wieder erwiesen, wohin das führe. Immer wieder sei die Öffentlichkeit durch Forschungsergebnisse vor vollendete Tatsachen gestellt worden. Allein das Beispiel der Atomphysik zeige, wie gefährlich es sei, ganz neue Techniken und Waffen in die Welt zu setzen, ohne daß je vorher darüber diskutiert worden sei, ob man ein solches Wissen überhaupt als förderlich für das Wohlergehen der Menschheit betrachten könne.

Um die Positionen von Küppers und Meyer-Abich bildhaft zuzuspitzen: Meyer-Abich will vor der Bestellung eine Diskussion über das, was gewünscht und schließlich angeboten wird, Küppers meint, man könne doch erst bestellen, wenn der Katalog bereits die Produkte enthalte.

Beide Positionen können mit guten Gründen verteidigt werden. Für das Argument von Küppers spricht, daß man erst einmal wissen muß, was überhaupt möglich ist, um sinnvoll über die Wünschbarkeit oder die Abträglichkeit zu entscheiden. Ein Beispiel aus jüngster Zeit liefert dafür die sogenannte Xenotransplantation, also die genetische Manipulation und Entnahme tierischer Organe, um sie auf den Menschen zu übertragen. Pharmafirmen wie Sandoz – jetzt zusammen mit Ciba zu Novartis verschmolzen – glaubten, auf diese Weise der Transplantationsmedizin ganz neue Impulse verleihen zu können. Diese leidet schließlich unter einem Mangel an menschlichen Organen und der sollte nun durch die gezielte Züchtung entsprechend genetisch veränderter tierischer Organe behoben werden. Unauffällig wurde bereits sondiert, ob in der Öffentlichkeit, etwa von kirchlicher Seite, mit Widerstand zu rechnen sei. Gegenwärtig aber ist es um diese neue medizinische Technik still geworden. Denn in internationalen Fachzeitschriften hatten Experten vor der Möglichkeit gewarnt, daß über die verpflanzten tierischen Organe bislang unbekannte Viren übertragen werden könnten. Das veranlaßte amerikanische und Schweizer Behörden, hier erst einmal einen Stop zu setzen.

Dieser Vorgang illustriert das Argument von Küppers: Es ist Sache der Experten, erst einmal die Möglichkeiten neuer Anwendungen und Techniken auszuloten, bevor die Öffentlichkeit überhaupt etwas hat, worüber sie entscheiden kann. Man stelle sich die endlosen Debatten über die ethische Vertretbarkeit der Xenotransplantation vor, wenn die Forschung nicht soweit vorangetrieben worden wäre, daß aus wissenschaftlichen Gründen die Machbarkeit in Frage gestellt wurde!

Meyer-Abich könnte allerdings diesen Vorgang ebenfalls zur Illustrierung seines Argumentes nehmen: Demnach hätte sich gerade hieran gezeigt, wie wichtig eine frühzeitige öffentliche Debatte ist, um Wissenschaftler von einem Irrweg abzuhalten. Denn die Kritik an der Xenotransplantation kam ja nicht aus den Labors von Sandoz und anderer Pharmafirmen, sondern von unabhängigen Wissenschaftlern, die von den Forschungen erfahren hatten.

Daß dasselbe Beispiel ganz unterschiedlich gedeutet werden kann, darf nicht verwundern. Denn wir kennen dieses Problem schon von der Kernspaltung her. In diesem Falle würde Meyer-Abich sagen, daß Wissenschaftler wie Werner Heisenberg oder Carl Friedrich von Weizsäcker von allem Anfang an die Bombe vorausgesehen haben, und Küppers würde auf den Entdecker der Kernspaltung, Otto Hahn, verweisen, der nach dem Abwurf der Atombomben auf Hiroshima und Nagasaki voller Entsetzen vor den für ihn unerwarteten Folgen seiner Forschungstätigkeit stand.

Ironisch ließe sich einwenden: Wenn Küppers und Meyer-Abich – und mit ihnen selbstverständlich zahllose andere – sich schon nicht auf die Interpretation vergangener Sachverhalte verständigen können, wie wollen sie es in Bezug auf zukünftige tun? Konkreter auf deren Positionen bezogen müßte man fortfahren: Beide haben auf Ihre Weise Recht, aber ihre Positionen gehen an der Realität vorbei. Gegenüber Meyer-Abich müßte man einwenden, daß aufwendige Genehmigungsverfahren die Forschung ruinieren würden. Das sagt er sogar selbst und versucht deshalb, sich eine institutionalisierte Diskussion ohne lähmende Bürokratie vorzustellen. So denkt er daran, daß jeder Wissenschaftler zehn Prozent seiner Zeit auf die Frage verwenden solle, wozu er was erforsche. Das klingt gut, aber wie soll ein solcher Vorschlag in der Praxis aussehen? Wie soll der Nachweis geführt werden, daß jemand tatsächlich soviel Zeit, wie von Meyer-Abich gefordert, aufgewendet hat? Wer soll das prüfen, wer kann es nachweisen? Welche Ansprüche sollen aufgrund des zehnprozentigen Nachdenkens erhoben und eventuell bei bloß fünfprozentigem Nachdenken abgewiesen werden? Und gegen Küppers ließe sich sagen, daß es wohl kein Forschungsvorhaben von Gewicht gibt, hinter dem nicht wenigstens in Umrissen Zielvorstellungen stehen, die von denjenigen Institutionen geteilt werden, die die Grundlagenforschung bezahlen. Forscher wiederum mögen in manchen Fällen zwar Fachidioten sein, doch deren Idiotie geht niemals soweit, daß sie nicht wenigstens eine vage Vorstellung davon hätten, was man mit ihren Ergebnissen vielleicht anfangen könnte. Und beim Bier kommt es schon mal vor, daß sie richtig zu schwadronieren anfangen. Und nicht nur beim Bier: Forschungsgelder fallen nicht vom Himmel, und erfolgreiche Forscher müssen auch gelernt haben, wie man Klinken putzt.

Dennoch sind beide Positionen aufschlußreich. Denn trotz ihres Gegeneinanders verweisen sie wie zwei ausgestreckte Zeigefinger auf die Person des Wissenschaftlers. Der würde sich bei Meyer-Abich herzlich dafür bedanken, von ihm unter öffentliche Aufsicht gesetzt zu werden. Und gegenüber Küppers würde er zur Geltung bringen, daß er nicht zu einem Besessenen gestempelt werden möchte, der nicht sehr genau weiß, welche möglichen Folgen seine Neugier haben kann. Auch diese Schematisierung enthält eine Übertreibung, soll aber wenigstens darauf hinweisen, daß hier wie in allen bereits behandelten Fragen vorher die Lösung der Probleme bei den Einzelnen liegt, die sich ihrer Verantwortung stellen oder nicht. Aber diese wird immer wieder die Kompetenz des Einzelnen übersteigen. Er kann zwar erahnen, wie problematisch seine Forschungen sind, aber er weiß dann noch lange nicht, ob seine Einschätzungen vielleicht zu pessimistisch sind oder nicht. Im Hinblick auf diesen Sachverhalt haben Küppers und Meyer-Abich gemeinsam Recht: Hier ist der einzelne Wissenschaftler nicht kompetenter als der normale Bürger, und hier braucht er die Abstimmung mit seinen Zeitgenossen. Freiheit der Forschung kann nur Freiheit der Wissenschaftler sein. Die zeigt sich in einem Zwischenraum. Er liegt genau zwischen der der Forschung innewohnenden vorwärtstreibenden Dynamik und der Frage, ob die Ergebnisse der Gesellschaft weiterhelfen oder nicht. Der wirklich freie Wissenschaftler ist kein Sklave der einen oder der anderen Seite; darin zeigt sich seine Urteilsfähigkeit.

Wirtschaft

In Bezug auf die Verantwortung in der Wirtschaft werden zum Teil dieselben Argumente vorgetragen wie bei der Frage nach der Verantwortung des Wissenschaftlers. Demnach liegt in der Verfolgung rein wirtschaftlicher Ziele die Verantwortung der Manager, während Politiker sich um Politik kümmern, Ärzte um Gesundheit und Priester um das Seelenheil. Der Witz an dieser Abgrenzung liegt darin, daß die Gesellschaft der Wirtschaft den Rahmen vorgibt, in dem sie sich entfalten kann. Der Wirtschaftsethiker Karl Homann benutzt in diesem Zusammenhang gern den Vergleich mit einem Fußballspiel. Demnach gibt es bestimmte Regeln, an die sich die Spieler halten müssen. Tun sie es nicht, greift der Schiedsrichter ein. Aber unterhalb der manifesten Regelverletzung ist alles erlaubt. Das müsse auch so sein, sagt Homann, denn die Zuschauer wollten schließlich ein gutes Spiel sehen, und dazu gehöre nun einmal der Kampfeswille jedes einzelnen Spielers. Auf die Wirtschaft gewendet heißt dies: Erlaubt ist, was nicht verboten ist. Nur so, argumentiert Homann, kommt der Wettbewerb richtig in Fahrt. Und die Gesellschaft sollte nicht zuviel Selbstbeschränkung der wirtschaftlich Handelnden erwarten, denn wer etwa zuviel Sozialleistungen zahlt oder zuviele Leute beschäftigt wird eines Tages Konkurs anmelden müssen und auf diese Weise mehr Schaden als Nutzen stiften. Soweit dieses Argument, das in den Augen Homans noch den zusätzlichen Vorteil hat, daß bei richtig gesetzten Rahmenbedingungen die Wirtschaft automatisch „ein gutes Spiel liefert", ob der Einzelne dies nun moralisch anstrebt oder nicht. Er muß es einfach, will er nicht untergehen.

Genau wie Küppers verweist Homan die gesamte Verantwortung an diejenigen, die die Rahmenbedingungen festlegen. Das sind die Politiker als Vollstrecker des Wählerwillens. Die Akteure selbst, seien es Wissenschaftler wie bei Küppers oder Manager wie bei Homann, haben lediglich die Bedingung zu erfüllen, daß sie keine Regeln verletzen. Auf diese Weise wird der Mensch funktionalisiert. Denn er erscheint als bloßes Teilchen in einem System. Dieses Teilchen soll im Rahmen des Systems funktionieren und hat nicht die Aufgabe, mehr zu tun, als ein Teilchen innerhalb eines Systems eben tut: mitzulaufen. Mit Verantwortung und Freiheit hat das nichts zu tun, denn ein verantwortlicher und freier Mensch nimmt die Möglichkeit wahr, sich distanziert zu dem System zu verhalten, in dem er bestimmte Funktionen wahrnimmt. Die Distanz läßt ihn erkennen, daß es bei Entscheidungen durchaus sinnvoll sein kann zu prüfen, ob es nicht doch noch „eine Möglichkeit mehr" gibt. Das erfordert allerdings mehr Kreativität als das bloße Mitlaufen.

So kann ein in der Wirtschaft Tätiger nach dem Sinn des Wettbewerbs fragen und möglicherweise zu dem Ergebnis kommen, daß es immer auch gewisse Ruhezonen geben muß, in denen Mitarbeiter gedeihen können, die unter dem Gesichtspunkt des reinen Wettbewerbs ganz selbstverständlich den allmählich schwächer werdenden Armen des Sozialstaates überantwortet würden. Ein solches Innehalten dient nicht nur der Firmenkultur, sondern kann auf Dauer auch dem vielbeschworenen „Standort" zugute kommen. Alle reden zwar vom „Standort", aber unter einem engen wirtschaftlichen Gesichtspunkt heraus erscheint es als naiv, etwas dafür zu tun. Allein dieser Widerspruch zeigt, daß eine rein funktionalistische Wirtschaftsethik nicht so gut funktioniert wie sie klingt. Klaus Michael Meyer-Abich betont, daß man nicht die „freie Marktwirtschaft" propagieren könne, ohne zugleich zu sagen, daß es Freiheit ohne Verantwortung nicht gibt. Verantwortung zielt aber nicht nur auf die Einhaltung von Regeln. Daß sich jemand an Regeln hält, stellt vielmehr eine Selbstverständlichkeit dar, die nicht eigens diskutiert werden muß. Wenn jemand ein Buch liest, fragt man ja auch nicht danach, ob er die Buchstaben entziffern kann, sondern will wissen, ob er den Inhalt versteht.

Das magische Quadrat

Wer in seinem eigenen Lebenskreis seine Verantwortung wahrzunehmen versucht, erkennt immer wieder, daß er Kompromisse schließen muß. Moralische Normen können dabei nicht mehr sein als Orientierungsmarken, die eher auf das Wünschbare zielen als auf das, was unter den jeweils gegebenen Umständen erreicht werden kann. Diese Einsicht soll nicht zu einem Relativismus führen, sondern lediglich andeuten, daß eine unaufhebbare Spannung zwischen dem Wünschbaren und dem Machbaren besteht. Diese Spannung gilt es auszuhalten und nicht einfach in die eine oder andere Richtung aufzulösen. Die vielzitierte Unterscheidung zwischen einer Gesinnungsethik und einer Verantwortungsethik erweist sich bei näherer Betrachtung als blanker Unsinn. Denn wenn jemand nur Werte beschwört und darüber die Realität vergißt, handelt er nicht ethisch. Und wenn jemand für sich Verantwortung reklamiert, aber nicht die Werte benennen kann, die er in seine Verantwortung als Richtschnur einbezieht, dann ist Verantwortung nur ein anderes Wort für Karriere. Dann geht es nur darum, der Handelnde zu sein, Macht und Einfluß zu gewinnen, gleichgültig, welche Ergebnisse damit erzielt werden.

Die Maßstäbe für verantwortliches Handeln stehen mit der Realität in Wechselwirkung. Sie schweben nicht über den Dingen, wie sich das diejenigen vorstellen, die von Gesinnungsethik fantasieren. Sie verschwinden aber auch nicht in den Anforderungen der Sachzwänge wie die Maus im Mauseloch. Vielmehr fordern sie zu immer neuen Abwägungen heraus: Man kann das auch die Suche nach dem kleinsten Übel nennen. Allerdings ist dieser Ausdruck ungenau, weil in ihm nicht vorkommt, daß sich im Zuge unserer Handlungen auch unsere Vorstellungen und Wertmaßstäbe verändern können. Wir wissen also heute noch nicht, was wir in Zukunft als das kleinere Übel betrachten werden.

Der Boden schwankt heftig. Derjenige, der seine Verantwortung ernst nimmt, wird nur in den seltensten Fällen wirklich zufrieden sein. Er wird zum Beispiel darunter leiden, daß er aus Verantwortung für seine Firma seine Verantwortung gegenüber einzelnen Mitarbeitern einschränken muß. Oder die Bevölkerung eines Landes stimmt jenen Optionen zu, die auf eine Ausweitung biotechnischer Forschung und Anwendung zielen. Sie tut es, um nicht den weltwirtschaftlichen Anschluß zu verlieren, weiß aber ganz genau, daß die Risiken hoch sind und die weitere Fahrt in unbekanntes Gelände führt.

Die Spannung, in der heute die Gesellschaften Entscheidungen treffen müssen, läßt sich im Rahmen eines „magischen Quadrats" darstellen. Dieser Ausdruck wird vom liberalen Lord Dahrendorf ebenso gebraucht wie vom grün-alternativen Joschka Fischer. Gemeint ist damit, daß die Gesellschaften bei ihren Entscheidungen vier Marken beachten müssen, wenn sie ihre Zukunft sichern wollen. Sie müssen (1) wirtschaftlich wettbewerbsfähig sein, wobei sie ihre (2) Umwelt nicht ruinieren dürfen. Sie müssen die (3) Freiheit der Bürger sichern, dürfen dabei aber nicht die (4) Solidarität mit den Unterprivilegierten vergessen. Wird nur eine dieser vier Marken vernachlässigt, kommt es zu schwer reparierbaren Verwerfungen. Zwischen den einzelnen Zielen kommt es regelmäßig zu Konflikten:

Viel ist über das Verhältnis von Ökonomie und Ökologie gestritten worden, und es wäre naiv anzunehmen, daß beide schon durch das Wort von der „nachhaltigen Wirtschaft" versöhnt werden könnten. Inzwischen zeigen Modellrechnungen, daß eine vollkommene Schonung natürlicher Ressourcen gar nicht möglich ist und die Herausforderung darin besteht, die Schäden der Ausbeutung möglichst möglichst gering zu halten. Ganz ähnlich ist es im politischen und sozialen Bereich: Der Appell an Selbstverantwortlichkeit, Leistungswillen und Freiheit kann die wirtschaftliche Leistungskraft einer Gesellschaft stärken, doch gleichzeitig wachsen die Konflikte, die durch soziale Spannungen angefacht werden. Versucht der Staat, diese durch Sozialleistungen abzufedern, erhöhen sich die Abgaben. Dadurch wächst wieder die Schattenwirtschaft, und im Zeichen der Globalisierung kommt es zu Abwanderungstendenzen ganzer Industriezweige. Dies wirkt sich wieder negativ auf die wirtschaftliche Wettbewerbsfähigkeit eines Landes aus, was wiederum die Staatsfinanzen schwächt usw.

In Zeiten des durch die Ökonomie geprägten Denkens kann der Eindruck entstehen, der wichtigste Faktor des magischen Quadrats sei die Wettbewerbsfähigkeit. Denn wenn nur genug Geld in die Kassen gespült werde, ließen sich die Sicherung der Solidarität ebenso finanzieren wie ein befriedigender Umweltschutz. Der Wettbewerbsfähigkeit stehen wiederum restriktive Gesetze entgegen, die etwa die immer wichtiger werdende Biotechnologie behindern. Entsprechend wird gern argumentiert, daß es im Sinne der Verantwortung für unsere Gesellschaft sei, hier liberaler zu werden und allzu strenge ethische Maßstäbe über Bord zu werfen. Denn wenn in anderen Ländern getan werden dürfe, was hierzulande der Gesetzgeber untersage, schneide man sich doch nur ins eigene Fleisch. Aber auch hier gilt es, sehr sorgfältige Unterscheidungen anzustellen. Denn es stimmt einfach nicht, daß es in anderen Ländern grundsätzlich liberaler zugeht. In Japan laufen derzeit zum Beispiel Verfahren gegen Gynäkologen, die Frauen fremde befruchtete Eizellen eingepflanzt haben. Europa ist da nicht so streng. Die verschiedenen Kulturen haben sehr unterschiedliche Wertsysteme, und man tut sich selbst wohl keinen Gefallen, wenn man sich aus den verschiedenen Ländern immer nur die im Vergleich mit uns niedrigsten Standards herauspickt und zum neuen Maßstab erklären möchte. Ein Standortvorteil Europas liegt auch in seinen ethischen Traditionen, die reicher sind, als sie in den kurzsichtigen Debatten von Lobbyisten beachtet werden. Mancher Fehler, der sich vielleicht noch in anderen Ländern rächen wird, kann dadurch vermieden werden.

Das magische Quadrat verweist allerdings auch auf die Tatsache, daß die in den ethischen Traditionen Europas niedergelegten Werte nur solange verbindlich sein können, wie sie zum Gedeihen der Gesellschaft beitragen. Die damit verbundenen Abwägungen fordern das Gewissen in besonders starkem Maße heraus. Wenn zum Beispiel die Biotechnologie vorangetrieben wird, dann mag das wirtschaftlich notwendig sein, verändert aber zugleich die Bilder, die wir uns von der Natur und uns selbst machen. Es kann sinnvoll sein, diese Bilder zu korrigieren. Da sie aber den Kern unserer Identität berühren, sind die Folgen ebenso weitreichend wie die von wissenschaftlichen Entdeckungen und technischen Erfindungen. Die Kunst, seinem Gewissen zu folgen, zeichnet sich durch Zögern aus.

Philosophie, Ethik, Religion

Stephan Wehowsky
Gespräche über Ethik
1995. 197 Seiten. Paperback
Beck'sche Reihe Band 1111

Stephan Wehowsky (Hrsg.)
Die Welt der Religionen
Ein Lesebuch
1991. 300 Seiten mit 8 Abbildungen. Paperback
Beck'sche Reihe Band 470

Ricarda Winterswyl
Das Glück
Eine Spurensuche
1995. 249 Seiten. Paperback
Beck'sche Reihe Band 1120

Robert Spaemann
Moralische Grundbegriffe
5. Auflage. 1994. 109 Seiten. Paperback
Beck'sche Reihe Band 256

Walter Schubart
Religion und Eros
Herausgegeben von Friedrich Seifert.
26. Tausend. 1989. 288 Seiten. Paperback
Beck'sche Reihe Band 400

Annemarie Pieper/Urs Thurnherr (Hrsg.)
Angewandte Ethik
Eine Einführung
1998. 395 Seiten. Paperback
Beck'sche Reihe Band 1261

Verlag C.H. Beck München